屏南民间信仰

屏南县民族与宗教事务局
屏南县档案馆 编
陈俊孙 编撰

海峡出版发行集团 | 海峡文艺出版社

图书在版编目(CIP)数据

屏南民间信仰/屏南县民族与宗教事务局，屏南县档案馆编；陈俊孙编撰. 一福州：海峡文艺出版社，2020.4
ISBN 978-7-5550-2223-7

Ⅰ. ①屏…　Ⅱ. ①屏…②屏…③陈…　Ⅲ. ①信仰一民间文化一研究一屏南县　Ⅳ. ①B933

中国版本图书馆 CIP 数据核字(2020)第 052130 号

屏南民间信仰

屏南县民族与宗教事务局　屏南县档案馆　编　　陈俊孙　编撰

责任编辑　陈　瑾
编辑助理　卢丽平
出版发行　海峡文艺出版社
经　　销　福建新华发行(集团)有限责任公司
社　　址　福州市东水路 76 号 14 层　　邮编　350001
发 行 部　0591—87536797
印　　刷　福州锦星元印务有限公司　　邮编　350000
厂　　址　福州市晋安区新店镇健康村健康工业区 6 号
开　　本　700 毫米×1000 毫米　1/16
字　　数　120 千字
印　　张　10
版　　次　2020 年 4 月第 1 版
印　　次　2020 年 4 月第 1 次印刷
书　　号　ISBN 978-7-5550-2223-7
定　　价　48.00 元

如发现印装质量问题，请寄承印厂调换

编委会

顾　问：陆泽干　吴新情　米古月
主　任：康建坂
副主任：张仁寿　陈必炎　陆泽亚
编　委：陈发杨　陈俊孙　黄晓峰
编　撰：陈俊孙
摄　影：陈俊孙　张峥嵘　邱仰左
张少忠　陈必炎　陈章举
李家砚　陈曼远

前言

福建是个多神信仰地区，民间信仰源远流长，宫庙林立，神祇众多。据学者统计，20世纪末，“福建省全省有50000—60000座宫庙，以人口计，全省3000万人，平均每500—600人口拥有一座大中型民间信仰宫庙”。还有学者估计，“福建省的民间信仰活动场所，多达数以十万计”。中国社会科学院世界宗教研究所的《关于福建省民间信仰问题的调研报告》（2003年5月）指出，福建民间信仰的宫庙，约有7万座。福建省民族宗教厅在2002年8月一份课题调研指出：“全省共有34028座上规模的民间信仰宫庙。”所谓上规模，就是指建筑面积在10平方米以上的宫庙。“宫庙规模相差悬殊，大者建筑面积可达几百平方米甚至几千平方米，小者仅为二三平方米。”比如莆田湄洲岛的妈祖庙，建筑面积超万平方米。

屏南县是民间信仰较为活跃的地区，屏南县民族宗教局2017年调查，县内上规模的宫庙394座。宋代古田知县（此时屏南尚属古田县）李堪曾下令“虏邪巫四百有余人归良农，雉佛宫四十九座，灰淫祠三百一十五所”(李堪《古田县记》)，只留下城隍庙等几座。但民间信仰并不是官府力量所能消除的，李堪死后，县民又掀起新一轮盖庙热潮。“（李堪）兴学校，排异教，德泽沦洽，侯殁（李堪卒于任内），民祀之，建庙曰‘孚惠侯’。”这个一生反对淫祀的县官，没想到自己死后成了生前极力禁毁的“淫祀神”。

屏南民间神祇，虽经过大规模的“三武灭佛”，其中以宋李堪的“毁淫祀”最严重，但禁令过后，民间照样建庙祀神。唐代以来，北方的僧道在禁毁之后，大批进入南方避祸。屏南境内山高林密，交通不便，信息闭塞，成了他们安居传道的世外桃源。重要的是，中唐至两宋时期，中国经济文化重心南移，福建经济得到全面发展。五代十国时期，王闽政权建立，王审知好佛，曾皈依雪峰义存禅师，他曾两次度僧5000多人。其子王延钧在福州天平寺一次性度僧2万人。《十国春秋》载，王延钧居然“许饭僧三百万”，致使“闽中塔庙之盛甲天下”。至靖康之变，宋室南渡，建都临安（今杭州），福建成为朝廷坚固的大后方，屏南紧邻浙江，战乱极少，社会安定，经济长足发展，文化繁荣，宗教与民间信仰在这个时期迅速发展。据地方文献载，唐代时，屏南县境内有寺庙7所，至宋代则发展到30多所。官方宗教鼎盛，民间信仰进入了新的发展阶段。屏南县内影响最大的本土神，如九仙中的王水、陈靖姑、江姑婆、叶公、宋九公等，均产生于这一时期。稍后，姚三姑、程惠泽、陈六、陈七、林四、陈胜等本土神也先后产生，在县内受到崇拜且南下古田，向闽江流域传布。唐宋时期，几次大规模的中原移民入闽带来的信仰，与本土信仰相融合。唐宋以后的造神带有明显的本土化趋势，王水、临水夫人、江姑婆、叶公、姚三姑、惠泽龙王等本土神祇的大量出现，说明屏南的民间信仰进入了本土化时期，从而形成独具地域特色的信仰形态。

一、屏南民间信仰主要特征

1. 世俗性

民众认为神灵神通广大，能保佑家人平安，凡是求平安、健康、长寿、婚姻、升学、生意、求嗣，甚至仕途、发财等等，都属神祇管理，都要到神庙祈求、许愿。

2. 多元性

屏南民间信仰的一大特征是融合和谐，多神相处。许多宫庙是一庙多神，释、道各派神灵同堂受享祀，以岭下龙泉寺为典型代表。龙泉寺又称“三教堂”“仙堂”，内祀孔子、关帝、佛及三教教主等。有的宫庙同祀临水夫人、齐天大圣、观世音菩萨等神祇。

3. 宗族性

屏南姓氏复杂，据2005年统计，县内有姓氏227个，其中万人以上姓氏4个，4千人以上9个，千人以上20个，许多千人以上的乡村为血缘村落，他们将本姓神灵认为宗亲，加以堂祀崇拜。如古厦、龙潭、代溪、安溪、凤林等陈姓血缘乡村，都供奉陈靖姑，认陈靖姑为姑奶奶。龙潭村陈夫人宫有一副楹联，道出了宗亲之情：

“姑本一家人，不妨堂祀；娘为天下母，无愧后称。”

又如清代康熙年间，郁永何在《渡海舆记》中记述林姓族人，将妈祖林默娘当作“保姆”，妈祖宫当成“托儿所”：“林氏妇人将赴田者，以其儿置庙中，曰：‘姑，好看儿！’去终日，儿不啼不饥，不出阈。暮妇归，各携去，神盖亲其宗人也。”

二、民间信仰与宗教的关系

民间信仰是宗教文化生态系统中的一个重要组成部分，是指在“民间广泛存在的，属于非组织的，具有自发性的一种感情寄托、崇拜以及伴随

祭祀

游神

着精神信仰而发生的行为和行动”。

有专家认为：“民间信仰是在人民大众中自发产生的，对具有超自然神力和超人神力的对象的崇拜相比，具有民间性、自发性、多元性、世俗性。”民间信仰属于非官方的文化，与人为宗教有着本质的区别。

乌丙安先生提出民间信仰与宗教的十大区别，主要是没有固定的组织，没有特定的至高无上的崇拜对象，没有创教祖师，没有形成宗派，没有形成完整的、伦理的、哲学的体系，没有专司神职神教的执事队伍，没有规约戒律，没有特定的礼仪法衣，没有固定的活动场所，没有宗教教徒自觉的宗教意识。

民间信仰与宗教相比，最大特点是没有教义，没有组织，没有专职教职人员。王尔敏先生在《明清时代庶民文化生活》中指出：“中国自古形成多种信仰的一大特色，是重视祭祀礼仪，而不细究宗教义理。历来忽视义理，而坚持仪节的步步规矩。在佛教输入之前，中国只有信仰而未有宗教。”

改革开放以来，民间信仰得到了新的认识，保护和抢救民间信仰遗产成为当前有关部门的一项工作。以《中华人民共和国非物质文化遗产法》

游神

颁布实施为标志，中国非遗已构建起完善的制度体系、管理体系和传承体系。截至 2016 年，全国已认定国家级非遗项目 1372 个，省级非遗项目 13087 个。屏南县内主要的民间信仰如临水夫人信仰、妈祖信仰、齐天大圣信仰、马仙信仰、关帝信仰等，有的列入国家级、省级非遗保护名录，有的信仰场所被列为全国重点文物保护单位，这些信仰已融入传统村落之中。

近年来，由于经济的发展，人民生活水平的提高，人们有了新的文化需求，民间信仰作为村落文化的载体之一，发挥着不可替代的作用。民间信仰的文化内涵与娱乐功能变得越来越突出。现代许多村落的迎神祭祀活动，祈福禳灾的诉求已淡化，而成为文化搭台、经济与旅游唱戏的载体 。如莆田湄洲的妈祖信仰、东山岛的关帝信仰、古田的临水夫人信仰、柘荣的马仙姑信仰、武平的定光佛信仰、漳州的开漳圣王信仰等，这些信仰的祭祀活动，经常邀请国内外专家学者、港澳台同胞与海外华人参与，文化与非遗色彩越来越浓厚。许多专家和有识之士开始意识到民间信仰的重要性，在现代文明的进程中，民间信仰将在相当长的历史时期内继续存在。

目录

第一章　屏南本土神祇

江夫人

江夫人，名二姑，宋代龙江（今屏南长桥镇长新村）人。《官洋江氏族谱》载：“虎婆江二姑，乃枢公胞妹，公每临敌时，姑尚显迹助战而克胜。公是具奏灵胜，敕赐姑九天巡按江氏夫人。乡耆传闻，虎婆名二姑，正月初七午时生。”《玉匣记》：“正月十五诞辰。瑞生时见屋上忽闻女乐音延长，园内采花，忽见云端灿烂。偶有黎山老母呼唤，遂往旗山学法，至归时，即在龙江境内石龙岗，遇一金毛赤虎，常吃凡人，姑思除祸，言之‘吾知猛虎必欲吃我，以虎约之’。以法剑向石上劈开两痕，深有几尺许，‘苟虎能探得石底，吾即给吃，否则宜为我驭之’。虎便允然首肯。”老虎用爪拼命去探挖石底，力气用尽，仍不能到石底，这时老虎方知江二姑法力无边，不敢负约，此后作为江姑的坐骑，来往皆为江姑乘驭。因而周边各村没有虎患，人们尊之为“虎婆”。传说江姑 17 岁时，于农历五月五日午时得道升天。

江夫人像

据古田玉库村江圣母殿碑文记载，江夫人得道升天为宋绍熙元年（1190）五月。据明正统四年（1439）《江氏族谱》江定所撰序言，在明初江姓早有族谱，后毁于火，但正统四年传下的家谱，目前无法见到，现存族谱有吸取旧谱的部分内容，说明当时民间传说的一个依据，《家谱》记载江姑用法术制伏了老虎，与后世的被虎所吃的情节不同。

明崇祯六年（1633）《玉田志略》卷二，对江姑的传说是这样描写：龙江之里有江姑焉，江氏之处女也。一虎相侦，欲搏之，姑誓虎曰："欲我以身殉汝，汝须了我一身，祈勿留残肢剩骨于人间，不然死者有知，何能纵汝也？"虎为首肯，挚姑于层崖而啌之，啌竟，遗姑指于崖罅，虎愈爪而指愈入，虎无奈何。逾晚，里人见姑着绯衣跨虎匝村而鸣，人人讶其灵变。是夜，姑复假梦于村硕曰："吾始以身事虎，虎今以躯降吾，吾今当为此山之主，为尔镇厥虎可乎？"里人因特祀之。由是，此乡从未有虎警，即偶有之，祝姑而警亦遂宁。尚是世庙间事，今崖罅间爪迹犹存。庙在邑之廿二都。

这是江姑传说最早的文字记载，可知江姑故事自宋代以来流传极广，

长新村江夫人故居

江夫人庙壁画

此后由屏南、古田流传到福州府属各县及台湾地区、东南亚一带。

江姑能伏虎，所以福州、台湾等地方称她为虎婆。自明代以来，对江姑的记载较多，如明代福州人王应山纂辑的《闽都记》卷九“郡城西北隅·候官县”载：“西河道院，在眉寿坊内。元大德九年建，旁有玄坛祠，今并废。虎婆祠在道院之南，架石为梁，建亭其上，祀江夫人，屡昭灵应。”王应山，字懋宣，号静轩，明候官人，生于嘉靖十年（1531）。学问渊博，悉心著述，不求功名“六籍白氏，靡所不探，诗宗大历，以《春秋》教授乌石、武夷间”。万历九年（1581），编成《闽大记》，万历四十年(1612)后，以八十二高龄撰辑《闽都记》。时人谢肇淛于序中说：“省寺坛坫之遗，水石亭台之胜，与夫村落烟墟、战场戍垒，靡不问也。方册之纪载，词人之赋咏，与夫里闬从谈，岁时谣谚，

江夫人塑像

夷坚、齐谐之志，靡不采也。”可知此书保存了大量福州府及福建历史、文化、政治、风俗习惯等方面的宝贵资料，价值甚高。西河道院建于元大德九年（1305），与江姑庙所建时间当相距不远，或元末，或明初，可知江姑影响范围已从龙江南下古田而福州，再渡海而台湾地区，再达东南亚各国。

屏南首部县志为清乾隆的《屏南县志》，该志记载江姑事迹有数处，卷之三“山川志”：“虎婆岩，在石龙岗上，江夫人显迹处。岩上有虎迹，亦有履迹，香条草遍于岩迹。贡生江起蛟诗：江婆显圣处，童叟至今传。名迹留千载，灵坛镇万年。石龙回岭畔，神虎啸岩前。一自升骑后，朝朝锁翠烟。”卷之六“人物·仙释”载：“江姑，龙江村江氏之处女也。为虎所食，后为神，能伏虎。至今该都地方鲜有虎患。立祠祀之，称为虎婆奶。”卷之六“古迹”记载江姑之事甚详，基本抄自明《玉田志略》，也增加了部分内容：“石龙岗，在长桥王厝后，即江夫人被虎咬处，石上现有夫人神虎足迹……今龙升峰下有江夫人庙，敕赐九天巡按江氏夫人，香火甚盛，并流传至省城，与临水夫人相匹。”卷之六“人物”还有江姑胞兄江枢传记：

长桥虎婆宫

“江枢，官洋人。初授金溪县尹，以清廉擢太平府，会芜湖县贼钱都管叛据繁昌，拥万众，枢剿灭之，升御史。时丞相王原反，藏甲入朝。枢统军林德清等敌之，除贼首王原，乱乃定，上喜特进荣禄大夫。按虎婆奶江夫人，即系御史公胞妹。公每临敌，夫人具显圣助战，御史因具奏，敕封为夫人。”里人包增魁《九日登虎婆岩》诗云：“梦迷圣迹十年留，九日寻幽到此游。地结灵坛垂万古，石藏遗指显千秋。风生古洞能吹帽，雾敛平林可放眸。莫道岩前无胜景，水光山色自悠悠。”县内现有江姑宫庙七座，除旧县双溪一座外，其他六座均建在江姑家乡长桥镇各村。

长桥虎婆宫：位于长桥村水尾，与长新江夫人宫隔溪相望。始建于宋明时期，清代以来数次重建、重修。该宫主祀江姑与她兄嫂。建筑面积 65 平方米。现宫殿为近年重修。耆老说，此宫为江姑祖殿之一，江姑于宋绍熙元年（1190）五月五日归神之后，村民于龙江水尾与石龙冈建宫庙以祀。一为纪念江姑为民除虎，保障一方平安；二为祈求江姑保佑乡民平安吉利。

石龙冈江姑殿：位于长新村后石龙冈上，离村约 3 公里，始建于宋代，

长桥虎婆宫

建筑面积160平方米，两层结构，重檐歇山顶，背依山岩，面临峭壁，一层为宿舍、斋堂，二层塑江姑神像，骑虎端坐，旁列众兵将，殿两壁为江姑生平壁画24幅，形象逼真。殿后石岩尚留虎爪，石缝中有二石晶莹。民间传说，石龙冈是江姑得道之处，村民立庙以祀，于是成为人们朝拜请香之所。长桥周边各村及古田玉库村每年在江姑诞辰之日，都来此请香火。以江姑为他们的姑婆神，在每年江姑诞辰日凌晨，集数百人的“请香火”队伍，由响铳、旗头杖、清道旗、香亭、凉伞、龙旗、锣鼓、高照、龙凤旗等为前导，浩浩荡荡到石龙冈请香火。

官洋夫人宫：位于官洋村边，始建年代约在明末，重建于清咸丰二年（1852）。建筑面积76平方米，单层明厅双天井建筑。正厅堂祀江夫人，厅两壁壁画为清代作品，经近年重描，仍存清代风貌，右边壁画24幅，为江姑生平事迹。左边24幅图，乃陈夫人生平事迹。官洋村是江姓血缘村，屏南江姓肇基祖江源，于南宋初年自福州迁龙江桥头后宅坪开基，生一男一女，男名江枢，女即江二姑。《官洋江氏族谱》载：江枢生于宋孝宗淳熙十四年（1187）正月十二日。20岁任江西金溪县令，29岁擢迁太平知州。后以平叛升御史中丞。57岁时告老还乡，卒于宝祐四年（1256），寿72岁（按：《江氏家谱》所载生卒年与岁数不符，且与古田玉库村所载的江姑生卒年亦有矛盾，留后待考）。宋淳祐十一年（1251），江枢后裔日房江顺官迁徙周佳山，约于明嘉靖万历间，后裔一枝析居官洋，于今400多年。之后，其后裔又析居古田玉库与东南亚各国。官洋村民以正月初五日为江姑诞辰，是日村民举办隆重庆典，演戏三天。2012年春，外地赵姓一人士辗转寻至官洋，捐赠江姑伏虎金身一尊，由物流送至官洋村，传为盛事。现村民于江夫人殿边另建一殿，以祀此金身，并成立江姑妈文化研究会与江姑妈文化展示馆。

新桥虎婆宫：位于新桥村水尾。据村中耆老相传，此宫由金姓村民于明代所建，至清代时由金、林二姓重建、重修。建筑面积210平方米，现主殿祀龙兴大王、皇后与江姑，上厅壁画绘《三国演义》与八仙，线条流畅，栩栩如生，文物价值较高。下厅绘江姑生平事迹24幅，为近年所画。近年于虎婆宫边新建厨房、膳厅一座，供江姑诞辰时办酒席用。

此外，长新、岑洋、双溪均建有江姑宫殿，香火绵延，俎豆不绝。光绪二十二年（1896），知县周骏曾详请祀典，奉文批准。清代诗人黄正绅有《迎江人香火记》，记载当时民间迎请江夫人香火的盛况：

邑有江夫人者，龙江江氏处女也。祖父三世登仕籍。年十七，成道于石龙冈。能制猛虎，故称曰"虎婆"，今其地犹存古迹焉。兄枢，官御史，以王师平寇，夫人显圣助战，因表奏之，敕封"九天巡按江氏夫人"。又有孝子包国治，入山采樵，被虎衔去，夫人救之而苏。事详邑乘，彰彰可考。然当时庙仅一二处，犹未知其灵也。越光绪二十二年，知县周骏禀请加封，上宪行文饬查，经详覆批准在案。由是夫人之灵，远近咸知崇奉焉。邑中文峰境，旧有夫人庙，年久损坏，董事某等募修落成之。复鸠同人诣石龙岗迎请香火，见石上虎迹宛然，石缝中有一指如玉石，噫！洵可骇也。因携归装入像内，演剧庆祝三日，从此一邑之灵神，为万家之众母。以妥以侑，获福正未有涯也。谨按，夫人生于宋孝宗淳熙间，二月初七日午时，得道于□□年五月初五午时云。赞曰：江氏夫人，本良家子。三世簪缨，素谙

石龙岗祖庙

伦理。近山多虎，众莫敢撄。欲除其患，乃舍其生。着绯升骑，五月五日，瞻彼龙岗，犹存古迹，佐兄平寇，陷阵摧坚，敕封巡按，尊以九天。自来迄今，英灵未泯。考子得援，咆哮莫逞。佑民保赤，咸赖慈悲。临水之外，莫盛于斯。并称圣母，谁曰不宜！

江姑事迹，因官民同祀而声名远播，许多小说如《临水平妖传》《闽都别记》均有记载，还有福州评话《临水平妖传》卷三描写江姑与陈靖姑结义的故事：

那日比比务二个秀才：一只姓张，一只姓李。里城岁考，来看告白，路由高界山经过。虎妖变一个十七八岁杏脸桃腮美貌女子，拦住悲啼。李秀才看见美色异常，向前就问："娘子何故悲伤？"女子答道："奴染患心痛，如今寸步难移。相公如若相怜，扶奴回家，感恩不浅。未知肯否？"

张秀才也赶教，见李秀才共一个少女扳谈，就唱道："男女授受不亲，在此讲世乇话？"李秀才答道："乇乇要紧。"仅向此女讲："我扶你回家，你家中更有何人？也乇谢我哩！"女子就讲："我母亲亡过，老父亲出外生理，住居此小。也乇兄弟姐妹。"李秀才见讲，用手相牵而行，一路养模行至牛山，那虎妖被伊摸得不耐烦，大叫一声，山摇地战，现出原形，乃是一头金毛大虎。张李二人见此景，即时惊倒在山林。大虎就将李生衔在嘴，弄抛去拽梨客调。咬仅不咬伊，衔在口中，丢于去，柳落梨，替伊惊的半死，虎就在山中，穿腰枝胶，等伊回醒。仅是障做，如此做次。陈靖姑既收了石氏二女，遁土回来，尚未回家。却靖墙边巷角，姑务告白，因赶回家，未曾观看，到家就问父母，告白向事，陈昌将虎妖伤人，讲了一场。靖姑听见，仅赶教高界山，看见务二个人倒在地下，将剑直刺，虎妖企起来，闪过乃授靖姑，凶猛极恶。靖姑连忙躲过，正倒侧三下，其虎法力步乱，跳舞不定。靖姑暗将捆妖绳祭起，喝声"缚了"只见那虎就地打滚，口吐人言，求恳"法师饶命"。靖姑就骂："你无故伤人，凭实讲来。"虎妖就讲："小畜乃旗山居址，原不伤人，只因来了藜山老母，居于旗山授徒。小畜伏降后，又收了一个徒弟，乃西河江氏，将小畜拨与他做坐骑。故此闲了，只在山前山后游耍，惟求大法师，好生之德，饶了小畜一命。"靖姑见二个秀才，鞋起来去咾。仅骂虎妖："你私奔一负支，恃还可恕，戏耍食人，理法难容。"讲完掏剑，正正剥杀虎妖。忽听见云中叫道："贤姐漫然动气，小妹讲吓人情。"靖姑执剑抬头看，空中落下一道姑。掏拂背剑青春少，将次年庚二八春，生得十分多清秀，他向跟前把礼行。启口动问："这位贤姐莫就是闾山学法之陈姐姐么？"靖姑答道："正是。"动问师姐："那处名山，得何法师传授，贵姓尊名，到此何干？"江氏就应："尝闻敝师藜山老母讲：姐姐得了闾山正法、许真君之真术。出了法门，遍处除妖救民。小妹恨不能一会，今寻畜中间，有缘得会，幸甚，幸甚！"

话讲投机，二个撮土为香，誓盟姐妹，“将此孽畜顺本山土地看守，今即共姐同往”。二人都务隐遁法，先往下渡拜双亲。又同靖姑旗山去，解了虎妖捆妖绳。让乞靖姑去骑坐，参谒藜山老母尊。从头动问除妖事，靖姑一一讲分明。

福州、台湾地区及东南亚各地，江姑祀庙达数十座，香火很盛，信众日增，与妈祖、临水夫人，同誉为福建三大女神，封号“九天巡按江夫人”，后来逐渐晋为“九天巡按镇国夫人”“辟天圣母镇国夫人”乃至“开天圣母九天巡按镇国夫人”。

附：江夫人生平事迹二十四回壁画图目录：

第一回：江圣母降生；

第二回：江圣母入学；

第三回：江圣母采花遇旗山老母；

第四回：江圣母别亲到旗山学法；

第五回：江圣母授师说法；

第六回：江圣母别师下山；

第七回：江圣母剑砍石开虎精惊；

第八回：江圣母收伏虎精百姓感恩；

第九回：陈、江二圣母结谊；

第十回：吴善求陈、江二圣母除妖；

第十一回：江圣母剑斩狐狸精；

第十二回：江圣母驱除五瘟；

第十三回：江、陈圣母剑斩鳌鱼精；

第十四回：陈、江圣母净骸骨救活生民；

第十五回：江圣母得道升天；

第十六回：江圣母救权九使、十使、十一使为侍从；

第十七回：南唐王造反；

第十八回：江圣母云显助战；

第十九回：敕江圣母九天巡按；

第二十回：三大将投江圣终；

第二十一回：黄母娘、张兆王授江圣母；

第二十二回：江圣母乘鸾驾驭；

第二十三回：功曹奏义除害；

第二十四回：江圣母显迹庇民。

惠泽龙王

惠泽龙王，俗姓程，名孝宝，后樟村人外甥，生于明成化四年（1468）八月十三日辰时，九岁时父母双亡。成化十六年（1480），程孝宝随母舅至九峰寺，拜华清和尚为师。五年后的六月初一日，惠泽在园中种菜，见两只蜥蜴争夺一颗明珠，他将蜥蜴赶走，把珠拾到手中，但僧衣没有口袋，他将明珠放在竹扁担上。一眨眼，见两只蜥蜴又来抢夺珠子，惠泽无奈，将珠子洗干净，含于嘴中。就在这时，华清和尚在寺门口喊惠泽吃饭，他不觉应了一声，明珠滑入腹中。当晚，惠泽感到周身发热，就到寺边溪潭中浸泡，不久潭水温度渐高，他又跑到虎潮潭中浸泡了四十九天。华清和尚天天给他送饭，到这天中午，师父又来送饭，惠泽告诉师父："我就要变龙了，不能再侍候您，但这寺院田园较少，想在寺边开辟一坵大田，作为寺内香斋田，到时候不要惊恐而敲动钟鼓。"一天晚上，雷电交

虎潮潭

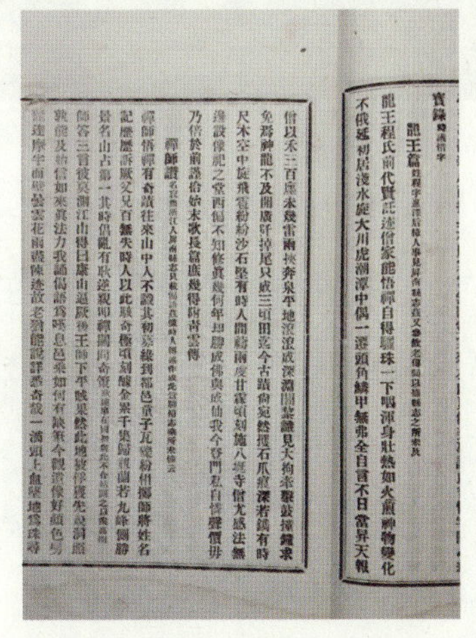

寶錄

龍王篇

龍王程氏前代賢託迹僧家能悟禪自得驪珠一下咽渾身壯熱如火煎神物變化
不假延初居淺水旋大川虎潮潭中偶一遷頭角鱗甲無弗全自言不日當昇天報

僧以禾三百廛未幾雷雨挾奔泉平地泛泛成深淵開禁譴見大狗牽繫鼓撞鐘求
免爲神龍不及開廣阡掉尾只成三頃田迄今古蹟尚宛然[illegible]石爪痕深若鑱有時
尺木空中旋飛雹紛紛沙石墜有時人間[illegible]兩度廿載頃刻施八埏寺僧尤感法無
邊設像祀之堂西偏不知修眞幾何年坦靜成佛與成仙我今登門私自[illegible]
乃僧於前謁恰始末敘長篇庶幾得附青雲傳

禪師讚

禪師悟禪有奇蹟往來山中人不識其初[illegible]緣到郡邑童子[illegible]紛相[illegible]師時姓名
[illegible]

《双溪草堂诗抄·龙王篇》

加，狂风暴雨，山动石走，大水漫上寺门前台阶，众僧惊骇不定，立即鸣钟擂鼓，稍后风雨停息。第二天，众僧往寺边察看，山边开有水田三坵，还有水坝只完成一半，这水田能收稻谷三百箩筐，后来，人们将寺边小村取名三百坵。

九峰寺始建于明景泰元年（1450），系寂照禅师创建，此后经多次重建、重修。寺内有大雄宝殿、地藏王殿、龙王殿、齐天大圣殿等，建筑面积3600平方米。清乾隆时知县沈钟有《过九峰寺》诗：“乍入九峰路，峰高不可攀。僧巢云外寺，人种屋头山。落涧龙藏钵，空堂虎踞关。登临殊未倦，身在翠微间。”

九峰寺

龙王殿酬匾

现县内有惠泽龙殿二座，一座建在九峰禅寺内右侧，建筑面积 40 多平方米，殿中塑龙王像。一座在虎潮潭上方，建筑面积 50 多平方米。每年农历六月初一和十五日，周边数县信众来烧香、拜龙王，纪念惠泽龙王得珠之日。

早在纪念日前几天，九峰寺周边各村缘首就开始备办节日有关事项，九峰寺每年均办有几十桌素菜，招待各地信众。虎潮潭龙王殿许多信众在前一天就自办干粮，在潭边山上露宿，赶在子时前烧香。清代诗人黄正绅有《龙王赞》诗云：

龙王程氏前代贤，托迹僧家能悟禅。自得骊珠一下咽，浑身壮热如火煎。神物变化不俄延，初居浅水旋大川。虎潮潭中偶一迁，头角鳞甲无弗全。

自言不日当升天，报僧以禾三百廛。未几雷雨挟奔泉，平地滚滚成深渊。阇黎识见太拘牵，击鼓撞钟求免焉。神龙不及开广阡，掉尾只成三顷田。迄今古迹尚宛然，攫石爪痕深若镌。有时尺木空中旋，飞雹纷纷沙石坚。有时人间祷雨虔，甘霖顷刻施八埏。寺僧尤感泽无边，设像祀之堂西偏。不知修真几何年，却胜成佛与成仙。我今登门私自怜，身价毋乃倍于前。谨拾始末歌长篇，庶几得附青云传。

王水与九仙

提起九仙，人们都知道八仙，戏曲中的“八仙过海”，更是妇孺皆知，而九仙是何路神仙?

八仙为汉钟离、张果老、李铁拐、何仙姑、蓝采和、吕洞宾、韩湘子、曹国舅。八仙增入王水，成了九仙。

汉钟离，五代时后汉将军，《宋史》有线索，五代与宋之间民间传说神异。北宋钦宗时封为“正阳真人”。元世祖时封“正阳开悟传道真君”，位列八仙之首。又传为全真道“东华帝君”，地位崇高。

张果老，又称张果，《新唐书·方伎·张果传》载为武则天时受召见，后隐去。唐代李元《独异志》有记录其仙迹。宋代《太平广记》亦有记载。

韩湘子，传为唐代韩愈之侄或侄孙。《新唐书·宰相世系》载为韩愈侄孙。唐代段成式《酉阳杂俎》记为韩愈之侄，有奇术，初冬会牡丹开花数色，每朵有诗一联：“云

长坋九仙楼内景

横秦岭家何在？雪拥蓝关马不前。”愈惊异，后成诗谶。

李铁拐，传为陕西人，遇太上老君而得道，元明时期定型，元代杂剧《吕洞宾度铁拐李岳》，就是讲他的故事。

吕洞宾，民间信仰中最受崇拜且影响最广的八仙之一。为唐代道士，姓吕名岩，因出生时年月日时四柱皆为阳数，遂号“纯阳子”。早在北宋时就有大量有关其传说记录于文献中。全真道尊吕洞宾为“北五祖”之一，元代封为“纯阳演政警化孚佑帝君”。山西、河北各地有吕祖祠，年年有庙会，农历四月十一至十四日为其诞辰。

何仙姑，唐代广东增城县人，年十四于中宗景龙中（707—710）白日飞升为仙。今增城三月初七有庙会。

蓝采和，陆游《南唐书》与南唐沈汾的《续仙传》均有记载。蓝采和

九仙山

为一青年男子，手持大拍板。戏剧中蓝本姓许，字介石，庐江人，采和为艺名。

曹国舅，《宋史·曹皇后传》云，他系枢密使曹彬之孙，名佾，姐为宋仁宗皇后，神宗时尊为太皇太后。英宗即位封曹国舅为同中书门下平章事。后来隐迹山林，遇钟离、纯阳二仙点化成仙。

八仙在古代传说不一，到明代始定型。民间对八仙极为崇拜，家家厅堂神榜都有八仙的香位。

据传，王水为屏南路下岭头村人。幼年父母去世，从小给人放牛。他勤劳朴实，心地善良，喜助人为乐。他家虽穷，但放牛回家，总要砍一担柴火送给村中无依靠的老人，农忙时节，常帮助乡邻干活，深得村民好评，渐渐地周边各村都知道王水是个热肠古道，助人为乐的年轻人。这一日，八仙云游到路下九仙山，听到王水的事迹，就想试一试王水的为人。王水放牛到了山顶，八仙化成八位陌生老人在石头上下棋，王水看得入了神，一位老者对他说：“你就是那个喜欢帮助人的王水吗？我们下棋下得又渴又饿，山弯下面有一棵桃树，你帮我们把树上的桃子都摘来好吗？”王水顺着老人的指点，走到山弯，果然有一棵桃树，树上结有九个蜜桃，八个又红又大，只有一个小小瘪瘪的，王水这时又饥又渴，他想九个桃子，大的八个给八个大人吃，这个又小又瘪我就先吃了。他将八个大蜜桃兜上山顶，恭恭敬敬送到老人们面前，一个老人说：“王水啊，我记得树上有九个桃子，怎么只剩八个呢？”王水说：“树上是有九个桃子，其中一个又小又瘪，我人小，这个小的我就吃了，大的八个你们八个人吃。”八个老人听了，点头笑笑，又继续下棋，王水也在一边看下棋。

九仙宫

因为八仙将仙力点化在王水所吃的小桃子上，王水吃了这个仙桃后，感到精神饱满，身体轻松。他在一旁观棋，不知不觉过了七天。这天早晨，一位老人笑着对王水说：“王水啊，我们早听说你好心肠，热心助人，今日一试，果然忠厚老实人。实不相瞒，我们就是八仙，现在特来点化你，你吃的瘪桃是千年仙桃，此后你可名列仙班，成为九仙之一，上午你先回村与父老乡亲告别，然后速回与我们一同周游各地吧。”

王水回到村中，发现村子已变了样，村头那几棵他在春天栽的松树，已变成了要几个人才能合抱的大树，他家原来的房子已成一片空地，村中

长坋九仙楼

的人都不认识，他惊奇得很，拉住一位老者问："你认识王水吗？"老人告诉他："自己很小的时候，听长辈说，以前村里有叫王水的牧童，一天上山放牧，被八仙带走成仙了。"王水顿时大悟：自己已列名九仙，真是山中方一日，世上已千年。于是他回到山顶，跟着八仙去了。

此后，岭头这八仙下棋的山就称为九仙山，八仙下棋的石头叫仙棋盘，仙棋盘边的一个大石洞叫九仙洞。相传王水在九仙洞洞壁题诗一首：

王水去学仙，丹成九转天。

山中方七日，世上几千年。

此诗至今犹在屏南、古田、建瓯各县的百姓口中传诵，明清时期还是塾师教授孩童的启蒙诗。

九仙山是鹫峰山的主脉，山形为九峰并行，山中有水，水中藏山，以山奇、水清、岩秀、瀑多、峰险、洞幽著称。山上岩石峥嵘，气势壮观，松涛林海，姿态万千，蔚为奇观。民间谚云："不登九仙山，百岁也枉然。"

王水成仙后，后人为纪念九仙，在九仙山山弯建了一座九仙宫，还建了三宝殿、求梦亭、放生池，四方信众络绎不绝，香火很旺盛。其中以求梦亭最奇。求梦亭原为圆梦环，民间传说是西王母的手镯，后来王母娘娘的七公主看见九仙山风景奇特，紫气萦绕，就将它偷出，抛在九仙山上，自此手镯与地气结合，形成一个大圆环。王水放牛时，有一次为帮村中老人砍柴而找不到牛，他到处找寻不见，累了就靠在圆环中的一块大石头上睡了，梦中七仙女指点他找牛的地点，王水醒来，照梦里的指点在山弯一巨石边找到牛。后来，岭头村民在这里建起圆梦亭。乾隆二十六年（1761）任屏南知县的徐耀祖，捐俸修了九仙宫，并献了匾额。

王水出生于农历六月初一日，每年的这一天，周边各县信众聚集九仙宫，举行隆重的九仙文化节，庆赞九仙圣诞。早在五月中、下旬，岭头、中秋等村的董首，已组织村民清理道路，打扫九仙宫环境卫生，修缮宫殿，为九仙文化节做好准备。

九仙宫自唐代以来，历经兴废，明隆武元年（1645）重建。1982年9月，周边村民捐资，再次重建九仙宫。占地面积1800平方米，建筑面积450平方米。2015年，村民又在仙顶新建九仙宫，彩塑九仙金身，使九仙成为民众祝福禳灾的对象，并成为祈梦兆吉的神仙。

九仙信仰在屏南周边各县广为流传，九仙胜迹遍布各县，屏南、建瓯、古田各县多有奉祀九仙的宫庙，县内主要有长坋九仙楼、古厦九仙殿等宫殿。

长坋九仙楼建于1992年，占地面积2400平方米，建筑面积1000平方米，内奉祀九仙，全年有人轮流值日，九仙楼下建有平房，为道教协会筹备处办公室。

古厦九仙殿建于1993年，占地面积360平方米，建筑面积320平方米。每年九仙诞辰均有举办庆赞活动。

叶公尊王

叶公尊王，又称叶公，宋代古田县新俗里新竹洋村（今屏南县棠口乡新竹洋村）人。兄弟五人，均身材魁梧，武艺超群，且秉性忠义，好打抱不平，为周边村民所敬重。南宋淳祐年间，任池州都统司副将的门里村人陈林观，为抗击蒙古兵，回乡招募兵员，叶家五兄弟慷慨从军，英勇杀敌。后来在收复安徽五河城战斗中，五兄弟均壮烈殉国。周边村民感其忠勇爱国，在各村立庙以祀。新竹洋村祀老大，安溪、凤林二村同祀老二，古厦村祀老三，慈溪村祀老四，溪坪村祀老五，凤垱村从新竹洋分香火建庙，樸兜从古厦分香火祭祀，叶公兄弟成为这许多乡村保护神。

古厦叶公殿始建于明洪武二十四年（1391），600多年来，历经多次重修，以清乾隆二十六年（1761）与2007年两次重建规模最大。现该殿占地面积2800平方米，建筑面积2020平方米，其中大殿建筑面积460平方米，剧场

慈溪叶公殿

古厦叶公殿

760平方米，附属建筑800平方米。

二月初九日为叶公诞辰，每年的这一天，也是古厦村最大规模的民俗文化节。每年正月下旬，福首就预定戏班，清理卫生。进入二月，开始募捐资金。初八日，戏班到，下午先演戏，一年一度的叶公文化节开幕。当天晚上，福首准备供品，上供后，宰猪分福分。初九日清晨，全村男女老幼在彩旗、仪仗、鼓乐前导下，带领戏班人员化装前往迎请临水陈大奶、九仙、五公菩萨等神祇往叶公殿观戏，接受祭祀。村民们宰鸡、鸭，做米粿，备办各种供品献祀，称为做福。

新竹洋叶公殿始建于元代，历经兴废，近年重建，占地面积80平方米，建筑面积36平方米。主祀叶公五兄弟中的老大，其他兄弟四人从祀。

凤垱叶公殿始建于元代，建筑面积60平方米，现存建筑为清初所建。

凤垱叶公殿

安溪叶公殿始建于明代，清嘉庆四年（1799）重建，道光十七年（1837）扩建立碑，殿为二进五开间，下廊建两个天井，建筑面积 135 平方米。

凤林叶公殿始建于明代，清代以来多次重修重建。“文革”间毁，1990 年重建，建筑面积 48 平方米。

此外慈溪、溪坪、榠兜各村均建有叶公殿，祀叶公五兄弟。其中慈溪叶公殿主祀叶公母亲，从祀叶氏五兄弟。各村均以二月初九日为叶公诞辰，届时合村庆赞祭祀。

姚三姑

姚三姑，又称姚三奶、仙奶，是宁德历史上有较大影响的妇幼保护神。元代至正年间（1341—1368）宁德黄柏村姚氏女，出嫁屏南中溪村吴家为媳。三姑圣质神姿，美丽贤惠，孝顺婆婆、和睦邻里，后来为斩除黄鲀精而殉身，乡人立庙以祀。乾隆《屏南县志》卷之六“古迹”载：

曲潭，在泮地村黄宅桥下，有一潭，深不可测，两旁巨石对峙，中流曲折，故名“曲潭”。潭中有一黄鲀鱼，甚大成妖。元至正年间，有中溪村吴氏，孀守一男，娶宁德黄柏村姚氏女三姑为妻，颇美丽。入门数月，妖化为一少年挑姑，姑本圣质神姿，知为妖魅，对天发誓，愿往闾山学法，以除此妖。对其姑曰：“媳明日卧床不起，无论亲疏，不许入视，至七日七夜方回，姑须坚守房门，不可忽也。”遂挂褡袋于门楣，置箕帚于门阈，竟沉魂而去，越三日，妖知脱身，乃变作姑弟来其家，曰：“吾闻姐病，特来省视。”

吴溪姚奶宫

吴溪姚奶宫碑记

即欲见姐。吴氏再四推托，妖哭，寻及姐房门，见猛虎守门，惊问吴氏："何为虎入其门？"吴氏指曰："是箕非虎也。"又问："门上何以黑蛇缠绕？"吴氏又曰："是袋非蛇也。"其法已破，妖遂入其房，即诈哭，谓吴氏曰："姐死肉腐，取棺收殓。"姑从其言。次日备棺盛贮，至七日将尸焚化。姚姑回至对门岭头，见焚尸烟起，即知姑愚，被妖破害己身矣。无奈泣越山半里许，遥见妖潭，遂驻足于一大平石上，展起闾法，吹动龙角，步斗行罡，挥摇神剑，飞插于曲潭之内，妖即被除，现出一头黄鳝。姚姑是夜假梦于里邻乡硕曰："曲潭之妖，昨被吾斩，尔等以后可保无虞矣。"次日，里人合声是梦，往潭视之，果然。因就地立庙祀之，称为"姚奶宫"……雍正十二年秋七月重修，庙貌一新云。

姚奶宫又称溪底宫，位于康里村南，俗称吴溪底，即元代的中溪村，村中本为吴姓居住，后来吴姓外迁。姚奶宫始建于元代至正年间，清雍正十二年（1734）、道光十年（1830）及1997年数度重修。其中同治九年（1870）

康里、黄柏二村予以重建。建筑面积200平方米。重檐歇山顶砖木建筑。宫内中间祀姚三姑与陈、林、李三夫人，左祀江夫人，右祀虎马将军。

宫前有清道光十年（1830）十月立的“香田碑记”一通，记载时任屏南知县梅鼎臣与屏南儒学、县汛、督捕厅等官吏及各村捐款信士。

在正月十五日，姚三姑诞辰，有许多村组织仪仗往吴溪祖殿迎请香火。天峰、山垱、周厝等村正月初五日，南山村初九日，官岭村初十日，谢厝村十三日，康里、达善溪十四日往请香火。至十五日，各村举办盛大的祭祀庆典，有的乡村还演戏酬神，以祈全村平安，五谷丰登。康里《郑氏家谱·节序》云：“吾乡于十四日合族拈香往祠内迎郑公、陈夫人、姚三奶到大厅，十五日大祭陈姚夫人。”

第二章　各路神祇

天公

“天地君师亲”，天，又称上天、天公、皇天、昊天、苍天、老天爷，是人们尊崇的神灵。老百姓认为天公统管天上、人间、阴间三界，是天地万物兴衰隆替，吉凶福祸的主宰，至高无上、尊贵非凡，将其列为五伦之首。

原始社会，人类处于混沌愚昧的状态，在与自然界的日、月、星辰、风、雨、雷、电、山川等的接触中，既惧怕又感激，于是产生了自然崇拜，认为这一切都是由天公所掌管，同时产生了对天的崇拜，将天视为大自然的主宰。在以农立国的古代，农作物的丰歉，主要依赖天气的状况，于是敬天成为先民的一种文化现象。

在古代典籍中，人们对天的尊崇表现多端，《尚书·虞书·尧典》：“乃命羲和，钦若昊天。”《大禹谟》：“皇天眷命，奄有四海，为天下君。”《秦誓》：“天佑下民，作之君，作之师。”《诗经·小明》：“明明上天，照临

天公

下土。”到了战国时期，孔夫子认为“获罪于天，无所祷也”，“天生德于予”。相信天是万物主宰，是昊天上帝，不能得罪这“至圣无形”的天帝。汉代许慎认为“天有五号：尊而君之，则曰皇天；元气广大，则称昊天；仁复悯下，则称旻天：自上监下，则称上天；据远视之苍苍然，则称苍天”。人们将含义尊贵、典雅的字、词献给心中敬畏的“天公”。

由于古人对天的尊崇，自唐代以来，天帝的形象已从原先的“至圣无形”渐渐衍化成人间帝王形象。到宋真宗时，对天的形象与天帝的尊称也达登峰造极。《宋史·礼乐志》：大中祥符八年正月，上玉皇大帝圣号曰“太上开天执符御历含真体道玉皇大天帝”。徽宗政和六年九月，又“上玉皇尊号曰‘太上开天执符御历含真体道昊天玉皇大帝’”。民间则称为“玉皇大帝”或“玉帝”“天帝”。

历代帝王对天地的祭祀极为隆重。《史记·封禅书》：“自古受命帝王，曷尝不封禅”，帝王到泰山祭祀，登上泰山顶筑坛曰“封”，在山南梁父山辟基祭地称“禅”。如秦始皇及此后汉、唐多位皇帝都亲临泰山祭祀天地。明清帝王则于京城建天坛为“祭天”“祈谷”之所。在每年正月第一个辛日“祀皇天上帝”，冬至日“大祀”祭天。

天公信仰有个特殊现象，就是不建庙祭祀天公。中国神庙众多，福建

祭祀

尤甚，唯独缺了天公庙殿。屏南民间祭天，多在家中或大门口，插几炷香，向天地鞠躬。原来自汉代以来，祭天只能由皇帝独家进行，地方各级官员与百姓无权祭天。所以各地有城隍庙、文庙、武庙、社稷坛、风云雷雨坛、厉坛与大大小小数百种神庙，独无祭祀天公的庙坛。

屏南人民自古以来，对天公极为敬重，每月初一、十五多有在厅堂点上三炷香，以感谢天公对人们的庇佑。年节或娶亲、出嫁、迁居等喜事，均有拜天公的习俗。如娶亲之家，新人在司仪的“一拜天地、二拜高堂”

唱赞声中，恭恭敬敬地向天地拜谢，祈求天公今后能保佑夫妻恩爱，白头偕老，生男育女，家庭和顺，生活美满，子孙满堂。虽然县内没有天公庙专门祭祀天公，但县民敬畏天帝，相信天帝主宰宇宙，无所不在，且明察秋毫，惩恶扬善，公平公正，廉洁无私。自古至今，农民遇事常会对老天发誓，请上天明鉴，可见人们尊重天帝，敬畏天公。几千年来，流传的俗语如“天公有目睭（眼睛）”“听天由命”“天报应”“生死祸福天注定”“谋事在人，成事在天”“天公保护”等，表明人应多做好事，因为天在监视人的行为。这种对天的敬畏心态，带有含糊不清的朦胧成分。如果能将人们对天公的敬畏感，进行正确的疏导，会使人心向善。有学者认为，天公文化是中华民族包容性、和谐性的体现。

临水夫人

临水夫人陈靖姑（767—790），又称陈静姑、陈贞姑、陈进姑、陈四夫人。唐大历二年（767）生于福州下渡，年十七学法于闾山九郎法师，得洞主传驱雷破洞罡法。18 岁时嫁给古田县教谕刘通的儿子刘杞，婚后，她在古田周边除妖驱邪，保护妇婴。唐贞元六年（790），福建大旱，田地龟裂，禾苗枯萎，人们流离失所，饿殍遍野。陈靖姑目睹此况，不顾自己怀孕在身，毅然前往祈雨抗旱，果然大雨如注，然动了胎气，致难产而卒，时年 24 岁。临终时，她对亲人们说："我死后，要救妇人难产，不然我誓不为神。"此后她护胎救产，保护儿童，"英灵著于八闽，施及于朔南"。人们立庙以祀，千余年来香火日盛，信众日多。民间尊称她为"大依奶""临水奶""临水大奶"等，因屏南、古田及福州地区人们称母亲为"依奶"，将母亲这一尊称献给陈靖姑。清代徐应麒撰有楹联："庙貌壮千秋，鼎新有象；

临水夫人像

母仪昭百代，坤厚无疆。”万历《古田县志·庙祠》：“家世巫觋，祖玉，父昌，母葛氏。生于唐大历二年，神异通幻。嫁刘杞，孕数月。会大旱，脱胎往祈雨，果如注。因秘泄，遂以产终。诀云：‘吾死后，不救世人产难，不神也。’卒年二十有四……宋淳祐间，封崇福慈济夫人，赐额‘顺懿’，学士张以宁有记。”《临水顺懿庙记》：

古田东去邑卅里，其地曰临川，庙曰顺懿，其神姓陈氏。肇基于唐，赐敕额于宋，封顺懿夫人。英灵著于八闽，施及于朔南。事始末具宋知县洪天锡所树碑。

皇元既有版图，仍在祀典。元统初元，浙东宣慰使都元帅李允中实来

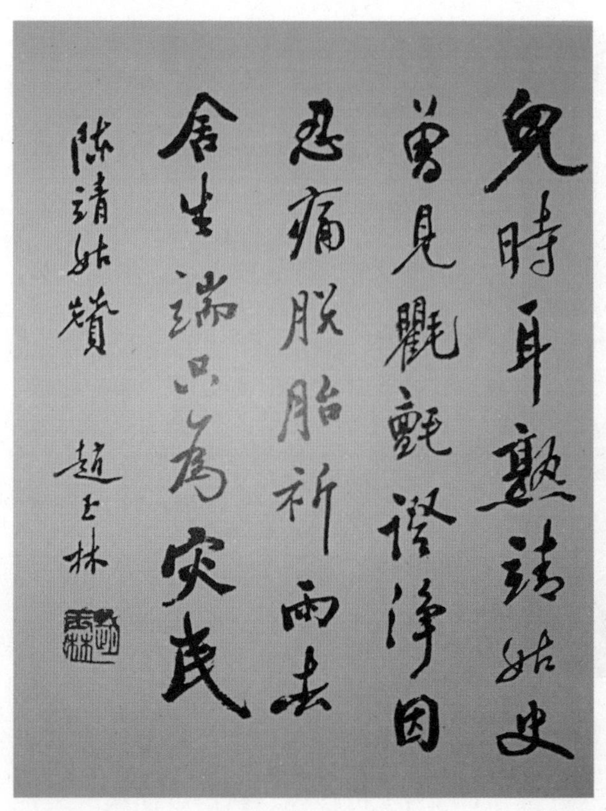

赵玉林咏诗

谒庙，瞻顾咨嗟，命广其规，未克就绪。乃至正七年，邑人陈遂尝掾大府，慨念厥初，状神事迹，申请加封。廉访使者亲覆其实。江浙省臣继允所请，上之中书省。众心喁喁，翘俟嘉命。

会遂以光泽典史需次于家。于是致力庙宫，祇迓殊渥，帅诸同志，请于监邑承务公观，由典史魏某薛某，上下翕合，抽俸倡先。雄赀钜产，闻义悦从。禬禳祈祷，远迩来者，欢欣乐施。遂斥金楮，鸠工徒，新作香亭外内者二，六神祠、生成宫各一；重修仪门、前殿、后寝、梳妆之楼、下马、饮福之亭。像设绘饰，丹漆杇塓之工，咸极精致。前甃石垣，以翼龙首；后浚水渠，以杀潦势。又辟生祠，以报承务公之德。经始于丁亥秋，迄戊子春落成。壮丽辉焕，怵心骇目。邑之耆老，敬祭耸观，以为有庙以来，未观斯盛。殆山川柄灵，明神垂鉴，待人与时勃然奋兴者也。请为记之。

以宁惟吾闽之有神，光耀宇内，若莆之顺济，漕海之人，恃以为命，有功于国家甚大，纶音荐降，褒崇备至。今顺懿夫人，御灾捍患，应若影响，于民生有德，岂浅浅哉？廷议必有处矣。遂也能出心力，因时建绩，民不

棠口夫人宫执事牌

劳勋，亦可谓难已。遂记其事，且系以诗曰：

瞻彼临川，新宫峨峨。六珈象服，如山如河。

维帝好生，神能大之。维民敬祀，遐不爱之。

峨峨新宫，于彼临川。维子赴母，人心同然。

粳稻满家，既多牲酒。神人具欢，疵疠罔有。

不殈不殰，民生振振。何千万祀，事我神明。

屏南原属古田县，清雍正十二年（1734）析移风、新俗、横溪三里地设县。所以陈靖姑信仰在屏南形成千余年的信俗，已是根深蒂固，深入人心。据屏南县民族宗教局2008年对县内民间信仰情况调查，全县有建筑面积10平方米以上的陈靖姑宫庙38处，配祀的尚未统计在内，10平方米以下的则更多。其中，建于明清时代的有32座，民国以后6座。影响最大有路下攀龙宫、双溪溪口宫、棠口临潭宫、陆地夫人宫、古厦花桥、龙潭元君殿、忠洋圣母宫等。

路下攀龙宫：攀龙宫，俗称花殿。位于路下乡乡政府旁。始建于明正德四年（1509），后经明万历，清康熙、乾隆、嘉庆、光绪及2007年多次重修，每次重修均于栋梁留下墨书记载。该殿虽历500多年风霜，仍保留明代风格。

攀龙宫为二进三开间建筑，建筑面积330平方米，四榀扛梁抬梁式结构，正殿中祀陈、林、李三夫人，左右为虎马将军。左壁绘陈靖姑生平壁画24幅，右壁绘《三国演义》故事。均为清代绘画，艺术价值较高，可惜近年重修时描摹一新，面目已非。

忠洋圣母宫：圣母宫，俗称大奶殿。位于代溪镇忠洋村水尾。始建于宋元时期，清雍正元年（1723）重修，宫内梁上墨书："大清雍正元年岁在癸卯□月初五日辰时重兴鼎建。"《韦氏族谱》载："圣母宫，村西水尾，宋元间，村民共祀陈、林、李、姚诸夫人，建有圣母宫一座，到清雍正元年加以重修。"宫内祀陈靖姑。该宫一个特点是陈靖姑像有多身，据村中耆老说，陈大奶金身是韦家各房都敬献一尊，有木刻软身，即脚手可活动装卸的；也有硬身的，即全块木头雕成的。软身像较少见，硬身像为多。该宫门联云："阶前露浥宜男草；座下风沾益母花。"

双溪溪口宫：溪口宫位于双溪村西郊，始建于明代成化年间（1465—1487），清嘉庆二十一年（1816）重建。内祀陈、林、李、江、石五夫人，虎马将军及三十六宫婆。光绪《屏南县志·坛庙》记载临水夫人宫："在西门外汇水桥头。嘉庆二十一年，邑人陆明秀等倡捐重建，《万历志》（万历《古田县志》）：神姓陈，福省下渡陈昌女，今称临水夫人。以正月十五日诞。"

民国《屏南县志》记载与之相同，唯多"男女痘疹皆祷焉"一句。1969年，因修公路，溪口宫被拆除，2008年村民在村南新建夫人宫一座，建筑面积约800平方米，是近年屏南新建的面积最大的一座陈靖姑宫殿。中祀陈、林、

双溪溪口宫

李、江、石五夫人，下廊戏台一座，香火甚盛。

棠口临潭宫：临潭宫，又称三圣夫人宫。位于棠口村棠溪边，八角亭后，左邻林公大殿，右旁千乘桥。清康熙年间于左边建一夫人殿，后来村民认为规模偏小，乃于清乾隆年间在宫右复建一宫，同祀陈、林、李三夫人，左右祀虎马将军。棠口《周氏族谱》载："临潭宫，在下竹地岩头店上，乾隆十九年（1754）全村捐料献工建此宫……乾隆三十一年（1766），恭请太后夫人，并新刻宝像三身，送入临潭宫奉祀。虎马将军也在此殿。太后夫人每年正月十四至十六日照例演戏三天。虎马将军每年二月初一至初三日照例演戏三天。初三日夜，迎油把灯在全村绕三次，而后将生孩子之家，就迎至家中奉祀。"

宫中有签诗五十条，现存签诗板系清光绪二十六年（1900）所刻，50条签诗均五言四句，签诗用典颇多，如：

榜中题姓字，丹桂宴琼林。

掬水月在手，弄花香满衣。

古厦花桥

苏秦运不通，六国拜三公。

熊罴今入梦，从此育佳儿。

大衍数五十，其用四十九。

辞句均较典雅，为博学之士所撰。近年复制的签诗板，错别字极多，与原签诗板相差甚远。

宫内现存清代所制陈夫人出巡时所用的“通天圣母”“顺懿夫人”牌板。耆老言，原先圣母出巡时执事牌如“肃静”“回避”等甚多，“文革”中尽毁，此二块幸得乡民偷偷藏于天花板上而躲过一劫。

古厦花桥：在古厦村东南水尾二水交汇处。花桥始建于明代成化年间（1465—1487），桥为石拱廊桥，由名师设计，巧匠施工，精雕细刻，斗拱极为精美，故称花桥。桥中神龛祀陈夫人和虎马将军。古厦村为陈姓血缘村，全村有陈姓3000多人，是屏南县陈姓人口最多的血缘村。村民奉陈靖姑为姑婆，为大依奶。数百年来习惯称陈靖姑为“大依奶”，就是母亲，表示陈靖姑与陈姓村民的血缘之亲。每年正月十五日为大依奶生日，正月

棠口夫人宫

前塘夫人宫匾

十四日，村民“组团抬香亭，调八音往古田临水迎请陈夫人香火”，于第二天清晨返回，在花桥安座，众信行香供祭。当晚祠堂演戏，恭迎大依奶至祠堂，看戏 3—5 天，后由福首送回花桥神龛安座。

近年来，村民扩建叶公殿，另建大戏台，正月十五日及二月初九日，均有举行拜祀陈靖姑的活动，规模较前更加盛大。同时将演戏场所从祠堂搬至叶公殿大戏台。

龙潭村元君殿：位于龙潭村首溪边。1977 年，龙潭村修公路时，将原祀于桥中的陈靖姑神像寄存民家供奉。1984 年，村民于村首另建元君殿，中祀陈靖姑与虎马将军。

龙潭村全村 2000 人，皆姓陈，村民奉陈靖姑为姑婆，许多人家将儿子寄名在陈靖姑处为“干儿子”，称为“姑婆子”。元君殿有副楹联，很能说明这种亲情：

姑本一家人，不妨堂祀；

娘为天下母，无愧后称。

可惜此联在2000年重修该殿时被油漆涂盖，今天已见不到。

屏南县内30多座奉祀陈靖姑的宫殿，约有三分之一为陈姓村民修建或为首捐建。陈姓宗族对陈靖姑的信仰与江姓宗族对江姑婆的信仰一样，是出自一种血缘的亲情的信仰。曾有学者对全国4000多座陈靖姑宫殿做过调查，其中三分之一为陈姓宗族所建或为首倡建，与屏南的统计相符。陈姓对陈靖姑的信仰，是将社会神、公众神变为血缘神、宗族神。陈支平教授在《福建族谱》中指出："福建民间十分重视家族神灵的塑造与崇拜，人们希望通过对各自所信仰的神灵的崇拜，加强家族内部的团结。因此，那些被认为与本家族有些渊源关系的神灵，往往最受家族崇拜。"

临水夫人诞辰正月十五日，县内众信善，在每年正月十四日必组团往临水请香火，十五日返回，村民即举办大型庆赞祭祀活动，或演戏多日，或以其他各种方式表达，盛况空前。

自1993年7月，古田县成立古田县临水陈靖姑研究会并召开成立大会；同年8月，由福建省民间文艺家协会、福州市民间文艺协会、古田县对外交流协会联合主办陈靖姑信仰文化研讨交流会，编印了《陈靖姑文化研究论文集》。这个有关陈靖姑信仰文化第一次学术会议的召开，第一本陈靖姑信仰文化论文集的出版，为研究临水夫人信仰文化奠定了基础。到2010年10月举办中国首届临水夫人陈靖姑文化学术研讨会，出版《古田临水宫志》与会议论文集，临水夫人文化研究与影响达到高峰。

目前，海内外的临水夫人信众已达到8000多万，宫殿4000多座。2008年6月，国务院将陈靖姑信仰列入国家级非物质文化遗产名录；2013年6月，临水夫人宫被国务院列为第七批国家级重点文物保护单位。

附一：官洋江夫人宫陈夫人传说故事壁画回目

一、创造洛阳桥　　二、太平降生
三、陈圣母入学　　四、陈林李结拜
五、陈林李三尊长叙会　　六、龙女带陈圣母往闾山
七、陈圣母闾山参见法主　　八、陈圣母学法回家奉亲
九、陈圣母在扬州收丹霞　　十、圣母乌石山收石硖精
十一、江、陈圣母收虎结谊　　十二、江、陈圣母游旂山
十三、江、陈圣母困蜘蛛洞　　十四、陈圣母辟蛇洞救夫
十五、陈圣母黄巡检洞房　　十六、黄巡检到任九奶遇呈
十七、陈圣母白塔寺除僧　　十八、陈圣母皇宫斩白蛇
十九、袁继图造反福州城　　二十、圣母破袁继图阵
二十一、陈圣母扛圣旨回宫　　二十二、陈圣母祈雨
二十三、陈圣母回镇顺懿庙　　二十四、林九娘获收长龙

附二：屏南县陈靖姑宫庙一览表

庙 额	所在乡村	始(重)建年代	建筑面积(m²)	备 注
花桥	古厦	明成化	88	列入《屏南县志》，县文物保护单位
大娘奶殿	长坋	清康熙	150	
莲台宝塔桥	陆地	清道光三年		
陈夫人宫	陆地	明代	80	
陈夫人宫	村头	1974 年	60	
夫人宫	大碑	清代	80	
陈夫人宫	下牛山	清代	145	
大娘奶殿	慈云	清代	200	
陈夫人宫	周佳山	清代	40	
陈夫人宫	前高溪	明清时期	160	
夫人宫	下山登	明清时期	70	
夫人宫	巴地	明正德十一年	50	
陈夫人宫	漈下	明清时期	300	
陈夫人宫	山岭	清代	80	
天仙圣母殿	龙源	明清时期	60	
七星殿	棠口黄厝	清光绪二十六年	150	
夫人宫	孔源	2008 年	50	
毓麟宫	章岭	清代	45	列入《屏志县志》
陈夫人宫	仕洋	清嘉庆	150	
三圣母夫人宫	棠口	清顺治、康熙间	60	祀陈林李三夫人
陈夫人宫	棠口	清乾隆十九年	60	
南洋殿	井兜	清代	300	
陈夫人宫	墘头	明清时期	60	祀陈林李三夫人
姑婆宫	龙潭	1984 年	60	
夫人宫	罗沙洋	清代	180	列入《屏南县志》
夫人宫	门里	明清时期	70	
花殿	路下	明正德	120	又称攀龙宫，列入《屏志县志》
大奶殿	横坑	清乾隆	126	
大奶殿	谢坑	清光绪十六年	140	祀陈林李三夫人
大奶殿	谢坑	清雍正八年	98	
大奶殿	葛畲	清光绪	90	
大奶殿	岭下	清光绪	36	祀陈林李三夫人
大奶殿	梨洋	清乾隆	120	祀陈林李三夫人
大奶殿	梅溪	清光绪	130	祀陈林李三夫人
大奶殿	罗厝	1995 年	160	
陈大娘殿	白凌	1918 年	40	
水尾殿	下漈头	清代	160	列入《屏志县志》
夫人宫	双溪	2009 年	800	
溪底宫	康里	元至正年间	200	祀姚三姑、陈靖姑、江姑等

齐天大圣

齐天大圣又称圣王爷、老爹公，是屏南民间信仰诸神中影响最大、信众最多的神灵之一。

屏南历史上山高林密，多猿猴出没，常损坏农作物，甚至伤人。因而对猴的印象，从畏惧逐渐发展为崇拜，进而建庙祭祀。据屏南县民族宗教局 2017 年调查统计，县内现存 10 平方米以上的齐天大圣庙有 66 座，其中专祀 61 座，附祀 5 座，10 平方米以下的无法统计。而且，民间许多人家厅堂上都有供奉齐天大圣神像、香火，厅堂神榜上无不祀列齐天大圣的神名。66 座齐天大圣庙中，建于唐代的 1 座，宋代 3 座，元代 1 座，明代 4 座，清代 23 座，民国 8 座，1950 年以后 26 座。

每年农历十月二十七日为齐天大圣诞辰日，是日各村举行隆重的祭祀活动，漈头村近年来发展为大型民俗文化节，每年举办一次。十月二十五或二十六日，各村备办仪

齐天大圣

长新圣王殿戏台木雕

岩后白岩崖圣王殿石旗杆

仗、乐队，往建瓯玉山榧村半岭齐天大圣殿求取香火。二十七日，圣王爷香火取回，村民到数里外迎接，一路上鞭炮齐鸣，锣鼓喧天，将香火奉入圣王庙。漈头、树兜、长坋、白水洋、长桥等村神庙，还请道士司祭，当天下午开始演戏酬神，有的演戏长达三至五日日，以求齐天大圣保佑村民平安吉利，全家幸福。

齐天大圣的形象，现在各神庙多以明代吴承恩《西游记》中的孙悟空为蓝本，头戴紫金冠，身穿黄金甲，脚蹬步云鞋，手执如意金箍棒，尖嘴龇牙，火眼金睛。《西游记》中的孙悟空，系石猴化身，学会武艺后，曾大闹龙宫，反出天宫，自封“齐天大圣”，再后来护送唐僧西天取经，得道成真。县内圣王殿建筑年代各异，规模不一，较著名的有长新、树兜、漈头、长坋、岩后白岩崖、东峰、岑洋、后井等圣王殿。

长新圣王殿：据《长桥包氏族谱》载，该殿始建于宋代，历

长新圣王殿戏台

经明清以来多次重建重修。该殿建筑面积450平方米，大厅前建一戏台，戏台为清末重建，台前雕刻有捐资者姓名。戏台前楹联云：

天可与齐，凛凛威风昭日月；

大而称圣，堂堂正气壮山河。

此联含齐天大圣四字，字字如生铁铸成，气势雄伟，戛戛独造，颂美处甚得体，为齐天大圣殿之佳联，惜作者未详。

中山境圣王殿：位于城关，原为树兜村民于宋光宗绍熙元年（1190）始建，历经多次重建。圣王殿建筑面积600平方米，主祀齐天大圣，附祀临水陈大奶与叶公尊王。该殿由于建在城关，每年农历十月二十七日前后，人山人海，极为热闹。二十六日，组团往建瓯榧村圣王殿求香火，二十七

树兜圣王殿

日香火接回，城关及邻近各村村民前往两公里外的溪坪迎接。当日办福宴数十桌，并演戏酬神。

2016年，圣王殿建“中山胜境”石牌坊，牌坊为二层四柱三开间，联云：

天可与齐，凛凛威风昭日月；
圣而称大，堂堂正气壮山河。

秀水波光，呈三星吉瑞；
中山灵气，荫五福祯祥。

上联与长新圣王殿联一样，唯“大”“圣”二字位置相调整。

岩后白岩崖圣王殿：位于白水洋洋尾左侧山崖边，为一天然岩洞，高约13米，深广各22米。祀齐天大圣，神座中刻“玉封齐天大圣王宝殿，同治十年辛未十二月初六日立”。殿前立石旗杆一对，上刻“中华十七年岁在仲夏月吉旦，沐恩弟子王若泮同男启荣、启森、圣长同叩谢”。神座边有民国时期石碑三通，刻捐款及献香炉、献地坪人姓名。

据村民介绍，十月二十七日圣王爷诞辰，屏南、政和、周宁等县民众组团前来朝圣，有的年份达数千人。

长坋圣王楼：位于长坋村北。始建于清乾隆二十六年（1761），三层土木结构，毁于19世纪50年代后期。1985年重建，1995年城改，搬迁至后门龙山腰上。三层混凝土建筑，建筑面积800平方米。殿内圣王灵签分功名、财源、行人、移居、婚姻、家宅、寿元、六畜等15类，每类50签，均七言四句，另总签36签，计786签，灵签之多，为县内外各神庙之最。

附：县内齐天大圣殿分布

地址	供奉主神	始（重建）年代	建筑面积(平方米)
树兜中山境	齐天大圣	宋绍熙元年	600
长坋圣王楼	齐天大圣	清乾隆二十六年	800
后龙早兴亭	齐天大圣	2007年	90
坑头村	齐天大圣	清乾隆十四年	20
大碑村	齐天大圣	清朝	20
陆地村	齐天大圣	1985年	200
厦地村	齐天大圣	清朝	30
后井村	齐天大圣	清朝	450
南弯村	齐天大圣	清朝	100
墘头村	齐天大圣	明朝	55
管洋村	齐天大圣	清末	70
前梨洋村	齐天大圣	1993年	30
三峰村	齐天大圣	清末	42

山垱村	齐天大圣	1998 年	47
四坪村	齐天大圣	1980 年	16
塘后村	齐天大圣	1995 年	12
熙岭东岳庙	泰山公（附祀齐天大圣）	元朝	140
漈头村	齐天大圣	清朝	30
白玉村	齐天大圣	1993 年	40
前墘村	齐天大圣	1992 年	20
普岭村	齐天大圣	1993 年	45
硋窑村	齐天大圣	民国时期	20
郑洋村	齐天大圣	1986 年	20
东盘村	齐天大圣	2000 年	100
叠石村	齐天大圣	2012 年	20
太保村	齐天大圣	2012 年	30
北山村	齐天大圣	1931 年	20
上牛山村	齐天大圣	明朝万历年间	60
上牛山村	齐天大圣	2003 年	60
岑洋村	齐天大圣	唐朝（清同治年间重建）	45
高溪村	齐天大圣	清朝	30
长新村	齐天大圣	宋朝	240
富塘村	菩萨（附祀齐天大圣）	清朝	65
岭头村	九仙（附祀齐天大圣）	明隆武元年	120

岭下村	齐天大圣	清雍正年间	40
东峰村	齐天大圣	宋朝	180
新田村	齐天大圣	1929年	40
新田村	齐天大圣	2008 年	60
新田村	齐天大圣	1980 年	50
旺坑村	齐天大圣	清朝	40
小章村	齐天大圣	清朝	60
龙源村	齐天大圣	1980 年	20
贵溪村	齐天大圣	清朝	50
安溪村	林公大王（附祀齐天大圣）	民国时期	60
洋中村	齐天大圣	2007 年	25
凤林村	齐天大圣	清朝	30
后峭村前峭	齐天大圣	1997 年	20
郑山村	齐天大圣	2000 年	15
深洋村	齐天大圣	清朝	30
章岭村	齐天大圣	清朝	30
宜洋村	齐天大圣	2002 年	40
前洋村	齐天大圣	现代	100
下七房村	齐天大圣	清朝	10
下七房吴家山村	齐天大圣	清朝	20
上七房村	齐天大圣	1978 年	14
岩后村白岩崖	齐天大圣	清朝	14
白凌村	齐天大圣	1997 年	20

降龙村	齐天大圣	1998 年	60
白玉村园坪	齐天大圣	2012 年	40
下山登村	齐天大圣	1912 年	40
泮地村	齐天大圣	2009 年	70
北墘村	齐天大圣	1950 年	40
淦山村	齐天大圣	清朝	20
康里村	齐天大圣	清朝	138
南山村	齐天大圣	清朝	60
谢厝村	齐天大圣	明朝	70
岭下村	齐天大圣	清雍正年间	40
东峰村	齐天大圣	宋朝	180

城隍神

城隍，在秦汉前是指城池，汉许慎《说文解字》云“城，盛民也，从土从成”，意为置人民于城中。隍，解释为“城池也，有水曰池，无水曰隍”。《易》曰“城复于隍”，意思是说在城之外，还包有池濠。班固《两都赋·序》云：“京师修宫室，浚城隍，起苑囿，以备制度。”《后汉书·班彪传》有记载“时京师（洛阳）修起宫室，浚缮城隍”之事，这城隍指城池。

城隍作为护城佑民的神，最早见于《周礼》：“天子大腊八，水庸居其七，水则隍，庸则城。”这腊祭八种神中，水庸就是城隍神，居第七位。到南北朝时期，城隍神的信仰在民间逐渐扩展，但未列入国家祀典。至明洪武二年（1369），朱元璋开始推行城隍神崇拜，敕封“京师及天下城隍神”为五级，宗旨是“使人知畏，人有所畏，则不敢妄为”。清代将城隍分四级，京、省城、府、县。如

城隍庙戏台

福建省城福州冶山的“福建都城隍庙”，福州府的府城隍庙，屏南的县城隍庙。规定府州县官莅任，必先祭拜城隍，在城隍神前宣誓：一定清、勤、慎为官，决不敢贪赃虐民。

屏南城隍庙位于旧城双溪村，始建于清雍正十二年（1734）。乾隆二年（1737），知县沈钟倡捐建寝殿于后山。此后，历经扩建渐成规模。

城隍庙正殿祀城隍刘彊、沈钟，塑二人像于正中。刘彊，唐代古田人，宋余发林《城隍庙记》载：“神姓刘名彊，世生此土，唐开元间，始与其徒以其地请于天子而立县。玄宗嘉其忠顺，仍使掌县事。未几纳职，请吏于朝……殁后，邑人思之，为立庙，号‘宁境’。岁时祭之，感应如响。庙貌至今犹存，咸称为古田拓主。至宋谥为‘顺宁正应侯’。近时有张彊者，尝祈梦祠下，侯告之曰‘你即为我名’。后竟以此名显。如侯者，忠君仁民，保族安身，生为民主，殁为神宗。丰功在国，实德在民。”

张彊，字定叟，宋淳祐七年（1247）进士，新俗里后峭村（今屏南后

城隍庙大殿

峭村）人。后人将刘彊与张彊二人均误写成刘疆与张疆，应予更正。余发林，字希董，古田人，登宋咸淳七年（1271）进士。万历《古田县志》载："余发林为文章操笔立就，未尝起草，声称盛于江浙，授崇安尉，卒，门人集其文，号《爱梅集》。"余发林是现存文献中记载城隍刘彊的第一人。元代张以宁《古田县增广城隍庙记》："刘侯荜路山林，乃疆乃亩，挈而归诸职方氏，风气日开，富庶以教，公卿辈出，科第蝉联……翊庇生民，除其邪祲，雨旸祈祷，有应如响。"

此后，明代黄仲昭《八闽通志》、刘曰旸《古田县志》及清代各种《古田县志》《屏南县志》对刘彊均有记载颂扬。因屏南原隶古田，清雍正十二年（1734），自古田县析出三里十三都之地设县。

沈钟，字大声，号鹿坪，江苏武进人，康熙四十年（1708）举人，乾隆元年（1736）任屏南知县。《屏南县志》载："公莅任后，见百度未饬，悉心规画，凡城垣、衙署、壇庙，靡不躬亲督建，复立义学，延师课士，

城隍庙祭台

时值古屏争籍，人情汹汹，赖公调剂始定，又教民广种杂粮以裕食，制寸金丹以疗病，兴利除弊，善政难以阐述，去职后来城辑邑乘，迟留三年，志成而去。”

由于沈公对屏南贡献极大，县民先祀于义学，再祀于名宦祠，终祀为城隍。

1928年，县长林辑铎同县绅士张渊澜、薛云官、宋谦济等，呈请省府奉批，准以前古田县知县刘彊，屏南县知县沈钟合祀城隍庙，匾曰“刘沈二公祠”。城隍庙坐北朝南，前后四进，进深64米，宽19米，占地面积1216平方米，自雍正十二年（1734）建正殿，乾隆二年（1737）建寝殿，后于乾隆四十三年（1778），嘉庆三年（1798）、五年，道光元年（1821）、九年，光绪二十三年（1897）、二十八年，宣统元年（1909）及民国时期，重修重建计十次。2005年，又对荒废坍圮多年的破庙进行大规模重修。主要建筑为正殿、寝殿、拜台、戏台、钟鼓楼、左右廊、下廊等，四周围墙以朱丹涂之，正门书“城隍庙”，左右为东西辕门。

城隍庙正殿建筑基本为清乾隆时期旧物，正殿前枋上有朱书“邑庠生陈仁捐白金二十两”，这是乾隆四十年（1775）重修时捐款名，是现存屏南城隍庙木构建筑中留下最早的记载。而拜台重建于嘉庆三年（1798），亭枋上墨书“特授屏南县正堂杨发和捐银二十两，县儒学黄日升捐银十两”。杨发和，嘉庆二年（1797）十月任屏南知县，三年十一月离任；黄日升，嘉庆三年（1798）任训导。戏台后额枋有“嘉庆五年”与“宣统元年”的墨书纪年。下廊有刻于光绪二十八年（1902）冬的石碑一通，记载了乾隆四十三年（1778）、嘉庆五年（1800）、道光元年（1821）、光绪二十八年（1902）四次重建、重修情况，以光绪二十八年重建记载较详，是次重建，计捐钱一千五百缗，修城隍庙后，剩余钱银用于修城垣、建义冢。现在我们在旧城双溪街巷中，多处可见“屏南知县吴恩庆同邑绅造”的城墙砖。

乾隆二年（1737），知县沈钟《增建城隍庙后殿记》说：“一邑中，籍以兴利除弊，教养斯民者，令也。籍以御灾捍患，福庇斯民者，城隍之神也。神与令，虽有幽明之别，而所以利赖民生则一。故城隍之祀，自京师以达于天下，典礼无异。”

道光《屏南县志》在《祀典志》中记载了清代祭祀城隍之仪式。规格与孔庙、社稷、关帝诸庙同：“各官俱至，穿朝服，通唱、上香；行三跪九叩头；行三献礼；献帛，读祝文，三献毕，叩首，饮福酒受胙，再行三跪九叩头礼。”祭文除“制有治人法，即制有事神之道”外，着重提到治下人民要孝顺父母，和睦家庭，团结邻里，遵规守法。对自己，官员也严格要求，做到不贪不墨：“我等官府，如有上欺朝廷，下枉良善，贪财作弊，蛀政害民者，灵必无枉，一体昭报！”作为地方官，在城隍神“一体昭报”的威慑下，使百里侯的知县能心存“下民易虐，上天难欺”之畏！

屏南城隍庙在每年十月初一日和正月十五日，均举行盛大的城隍巡境活动，以保一方平安。届时城隍与属官六部、六司、七爷、八爷、内外班爷等在仪仗旗牌“肃静”“回避”前导下，在持金瓜、钺斧等武士，持伞、执扇等待卫拥护中，金鼓齐鸣，八音协奏，开始巡境活动，是屏南旧城历史上最隆重的传统文化节日。

林忠平王

林忠平王，又称林公、林公大王。原名林亘，福安芹洋人，后迁周宁码坑杉洋村。生于宋庆元二年（1196），咸淳五年（1269）为佑民杀虎而舍身。村民感其盛德，于杉洋村建庙以祀。明成化七年（1471），敕封林亘为“感应忠平王”，正德八年（1513）建忠平王殿于杉洋村。《宁德县志·祀典志》（当时周宁尚属宁德县管辖）载：“相传神林姓亘名，生宋时县之杉洋，善搏虎，殁后能卸虎灾。明成化，瘴气入宫，县人林聪尚书疏请祷之，疠即止。”由于民间流传林公生前力大勇猛，能除虎害，并善医药，采百草为民疗疾，成神后，香火旺盛，流传周边各县。

民间还流传林公与白马大王斗法的故事：林公变为黑乌鸦，白马大王变为白乌鸦，当搏斗激烈时，恰好有屏南陈、罗二姓商贩挑着铜锣与硋器在此休息，二人齐声喊“黑的赢，白的输”，并敲起铜锣与硋器，黑乌鸦精神一振，奋力打

坑口溪林公殿戏台

败了白乌鸦。此后林公殿中林公左右站着陈姓的锣公与罗姓的硋公二神。

历史上，屏南民众信仰林公，建了许多殿宇享祀，祈求林公保佑风调雨顺，乡村平安，年丰物阜。县内现有林公殿 40 座，其中建于明代 3 座，清代 23 座，民国 4 座，1949 年之后 9 座，年代不明 1 座。各殿规模不一，以坑口溪、棠口、前塘等林公殿最为著名。

坑口溪林公殿：位于棠口乡西村坑口溪边。占地面积 1162 平方米，建筑面积 833 平方米。殿边建叨福亭。大殿有三门：东辕门、西辕门和正门。正门进殿，依次为下马廊、会计处、戏台、拜台、林公正殿、后殿、少爷公殿等。正殿对着戏台，戏台有陈福申于光绪二十八年（1902）所献木板楹联一副，联云：

是是非非，权作菩提一偈；

形形色色，俨游舍卫四城。

大殿前有光绪七年（1881）辛巳阳月双溪村徐龙田、高缵绣敬献的一对石马与两个马伕。镌刻二联：

识途瞻马首；
遵道束其身。

坑口溪林公殿壁画

驰驱能范我；
羁勒不由人。

以前有人传说是张渊澜考中武进士后酬献，误传也。

前塘林公殿

后殿有道光二十五年（1845）、二十六年（1846）年的捐款石碑及光绪二十四年（1898）、二十五年（1899）回将军、荅将军的神主亭三个。

前塘林公殿：位于前塘村边，始建于清嘉庆十三年（1808）。后于1931年和2006年进行两次大规模重修。建筑面积311平方米。每年正月十八日为林公诞辰。十七日，村民组织乐队、仪仗、道士，前往周宁玛坑杉洋林公祖殿迎请香火；十八日，香火迎回，村民敲锣打鼓前往数里外迎接。当日清晨，全村家家户户备办祭器往殿中献祭，并演戏酬神，是前塘村最大的民俗文化节。

附：屏南县内林忠平王殿分布

地址	主祀	始（重建）年代	建筑面积（平方米）
前塘村	林忠平王	嘉庆十三年	30
前梨洋村	林忠平王	嘉庆十三年	311
坑口溪	林忠平王	道光二十五年	833
大章	林忠平王	清代	50
大洋	林忠平王	清代	50
龟潭	林忠平王	清代	60
棠口	林忠平王	民国	500
安溪	林忠平王	民国	60
洋中	林忠平王	2005 年	60
前溪	林忠平王	清代	30
墩源	林忠平王	清代	300
寿山	林忠平王	1980 年	100
亥窑	林忠平王	民国	40
太保	林忠平王	清代	100
上洋	林忠平王	1972 年重建	140
高溪	林忠平王	未详	240
新乡	林忠平王	2006 年重建	162
南峭	林忠平王	明朝	30
后龙	林忠平王	清朝	130
大碑	林忠平王	乾隆四十五年	30
坑头村溪里	林忠平王	嘉庆十三年	40

西洋	林忠平王	乾隆十四年	120
上凤溪	包公	明朝	460
厦地	林忠平王	清代	70
村头	林圣大王	2010 年	18
富竹	林忠平王	1932年	450
城关城北	林忠平王	1985 年	90
新田	林忠平王	顺治二年	40
新田	林忠平王	清初	40
王林村	林忠平王	嘉庆	40
下山口	林忠平王	2010 年	300
前院	林忠平王	清朝	220
梅花地	林忠平王	天启二年	200
下山口	林忠平王	2010 年	200
福善	林忠平王	清朝	120
唐宦	林忠平王	清代	35
北墘	林忠平王	2006 年	30
淦山	林忠平王	清代	20
洹坑	林忠平王	清代	20
周厝	林忠平王	清代	90

（计 40 座，其中明代 3 座、清代 23 座、民国 4 座、1949 年之后 9 座、年代不明 1 座。）

五显灵官大帝

五显灵官大帝，又称五显神、五圣大帝、五通大帝、华光菩萨等，屏南县民多称为菩萨公。农历九月二十八日为五显神诞辰。县内五显神专祀的宫殿，加上桥梁等附祀的，计有三十余所。现存五显神庙以建于元代至正二十八年（1368）的花亭五显灵官帝庙为最早，其他为明清时期所建，规模不一。

五显灵官大帝称号，宋吴自牧《梦粱录》载：五显为显聪昭圣孚仁福善王、显明昭圣孚义福顺王、显正昭圣孚智福应王、显直昭圣孚爱福惠王、显德昭圣孚信福庆王。五显神是财神、正神，“校定生人禄料、官爵、寿算、疾病轻重”。民间称为“菩萨公”。据明代建阳书坊人余象斗所著《南游记》说：五显神即佛书所谓“华光如来”，后被贬下凡，投胎于安徽徽州府婺源县萧家庄，萧婆婆一胎出生五胞胎，后来五兄弟驱邪斩魔，玉皇大帝封为五显

信众祭祀五显灵大帝诞辰

灵官大帝，永镇中界，为民造福。

花亭五显灵官帝庙：为砖木结构建筑，占地面积 1000 多平方米，建筑面积 2600 平方米，系长坋村陆、叶、黄三姓村民共建。始建于元至正二十八年（1368）。庙为亭状建筑，重檐歇山顶，外檐五彩斗拱出跳。神座坐东朝西，西向建大剧场，戏台坐西朝东，剧场可坐千余人，二层砖木结构。每年农历九月二十八日，为五显帝生日，二十七日即演戏酬神，锣鼓声、鞭炮声，小摊贩吆喝声，热闹非常，演戏往往十余天，有的年份达一个多月。庙边立有清代嘉庆、道光、咸丰、光绪及近年重修、重建碑记十多通。现为县级重点文物保护单位。

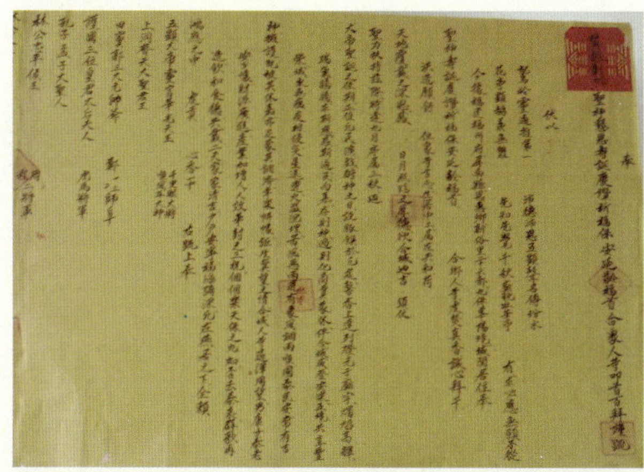

疏文

五显灵官大帝像

谢坑村天王殿：奉祀五显神，建筑面积360平方米，《谢坑陆氏家谱》云：该殿始建于唐代，与村边建于唐垂拱年间（685—688）的永兴寺建筑时间相近。据有关专家考证，五显神兴于明代，谢坑天王殿前期所祀何神则未明。

此外，长桥后墘村宝亭，内祀五显神，始建于清代，建筑面积200平方米。双溪上七房五显庙，建于清代，建筑面积100平方米。宜洋五显庙，建于清代，建筑面积20平方米。棠口下桥头、熙岭岭里、寿山降龙等村，均于清代建有五显庙。这几个村，每年农历九月二十八日，必举行祭祀五显神活动，或演戏，或摆祭品，大多有举行科仪祭祀，以叩谢神灵的庇佑。

马仙姑

马仙姑，又称马仙、马仙奶、马氏真仙、马真人，俗称马五娘，唐代建安人，或云浙江景宁人。《福建通志·方外志》云：“马真人（福州府长溪县）温麻里马氏女也。乾符中入昆田山(今霍童山)炼丹仙去，有庙观在焉。”又云：“马仙姑，建安将相里人。《建宁府志》方：‘俗名马五娘。’《闽书》但称仙姑，不名五娘，嫁期年而寡，纺织养姑，出入徒跣屐，盖渡溪不假舟筏。尝语人曰：‘我非世人，奈姑在耳。’或旱暵，乡人舆迎祈雨立应。后姑以寿终，襄事毕，遂飞升去。”《列女传》则说：“马大仙，唐末处州马氏女，既嫁，家贫，养姑尤谨，遇异人授以仙术……今闽多祀马仙姑者，不知是何仙也。”宋真宗一度敕封为“灵泽感应马氏真人”“懿正广惠马氏真人”。今柘荣奉祀的马仙据云于宋末自浙江景宁鸬鹚迎请入柘。

屏南马仙信仰盛于明代，今漈下村龙漈仙宫始建于明

漈下村龙漈仙宫　　山头仔马仙宫

初，嘉靖二十九年（1550）重建，清道光年间重修。彩虹《吴氏族谱》载：“始祖吴福亮，室叶氏，于明初自浙江处州府庆元县举溪村入闽，居廿六都漈下赤溪洋，其仙奶神像原由福亮公自浙携带，尚有字迹可核。”该宫取圆天方地之义，上圆顶，下方形。宫檐悬“方壶圆峤”巨匾，“方壶圆峤”是古代传说中的仙山，多指神仙居住之所。该宫占地面积230多平方米。宫内存明代石狮一对，造型古朴，宫壁上留有清代福建书画家甘霖于道光十七年（1837）的字画。马仙宫现为福建省重点文物保护单位。

梧洋仙奶庙：位于梧洋村首。明万历初年建。明崇祯、清乾隆年间重建、重修。建筑面积200平方米，庙前矗立两块巨石而有“双石胜境”之称。庙背山面水，环境优美。学士陆广诗云：“村庄数里入仙家，常见金炉喷碧霞。千古婆心悬夜月，年年春色点宫花。”

厦地马仙殿：在厦地村水尾2公里处悬崖上，明代始建，清道光十七

龙漈仙宫内景

年（1837）重建，并于路边立碑纪事，碑云：

盖闻洛水河滨，宓妃飘忽，华山岳顶，毛女升腾。清都紫府，上方妙启仙居；碧落赤城，下土巧营道观。此吾境大罗马氏真仙宝殿之建所由昉也。两涧洄澜，高峰挺秀，牧樵罕到，不染半点尘埃；松竹遥临，全空大千色相。斯地静者，仙乐为之养静；地灵者，仙亦与之俱灵矣。迄今年华久易，几经风雨飘摇；榱桷将崩，难妥声灵赫濯。则重新庙貌，修饰金容，仍旧贯而式廓丕基，置香田而永崇祀典，责岂异人任乎？第大厦非一木能支，成裘必千腋是集。幸蒙四方善信，欣逢善果，各破悭囊，遗金持赠，襄成盛举于一时；勒石留芳，直钦名香于千载云尔。大清道光十七年岁在丁酉花月吉旦，石匠：南湾村吴万述，吴大杯名扬四海；董事：郑世备、郑章汉、郑登玙、郑文广、蔡高年、郑登泮、郑际春、郑高年谨志。

该碑文 270 多字。另有两块捐款姓名碑。该殿在“文革”中被毁，改革开放后重建。

此外，县内彩虹、会溪等村均建有马仙宫，漈下、小梨洋等村民以农历六月初一日为马仙诞辰，乾隆《屏南县志·节序》：“本月（六月），龙漈村判筶择日，请马仙奶出宫，合村持炉结彩绕境三日，祈子还愿大会。”这天一大早，周边各村的善男信女到马仙殿内焚香祈福，而后抬着马仙奶神像巡游全村，鸣锣开道，令旗引领，家家户户在门口焚香鸣炮恭迎，分香火纳福。晚上演戏酬谢，当信炮响起，全村鞭炮齐发，提灯游村的男女老幼游行全村，之后，放铳鸣炮演戏。这一天，村中家家户户宰牲畜、做糍粿，出嫁的女儿带着丈夫、子女归宁，亲朋好友也来游玩，甘姓人家将马仙诞辰日作为过半年的节庆日，会亲祭神，两相结合，既隆重又热闹。

虎马将军

虎马将军，俗称虎马公，为临水夫人陈靖姑神班中的将领，是护产、保产的保育神。宋代白玉蟾谈到“虎伽罗、马伽罗、牛头罗、金头罗四将”，这虎伽罗、马伽罗即明清以后的虎、马将军。屏南民间多数人家厅堂有设陈夫人香位，至妇女临产，多请陈夫人和虎马将军香火，供于内室，以庇佑顺产顺生。后来，虎马将军逐渐发展成地方保护神。

民间传说，虎马将军为古田前山人，因妻子难产死亡，愤而自杀，立志保产助产。村民立庙祀为土主，周边各县视此庙为虎马将军祖庙。农历二月初二为虎马将军诞辰，村民例于二月初一起即演戏酬神，大多两三天。初一日下半夜即宰全猪、备各色祭品于虎马将军供桌上，以保佑合境平安吉祥。县内还有一些宫庙在二月初一即往古田前山虎马将军祖庙请接香火，如漈头、路下、洋头、大洋、前汾溪、厦地、龙源村等。

厦地村三夫人宫楹联

在众多的临水夫人庙中，虎马将军多陪祀左右。许多妇女怀孕之前或怀孕期中，有到陈夫人宫殿祈求陈夫人和虎马将军保护怀孕顺利、临产平安。《屏南宗教志·其他崇拜》云：“屏南县还有根据不同情况形成了独特的信仰，形成各自的守护神……孕妇拜虎马公，妇女和幼儿拜陈靖姑和姚三姑为保护神。各村均有固定日期迎神活动，形成习俗。”嘉庆《棠口周氏族谱》载：“乾隆丙戌三十三年恭请太后夫人，并新刻宝像三身，送入临潭宫（今三圣宫）奉祀。虎马将军也在此殿。太后夫人每年正月十四至十六日照例演戏三天。虎马将军每年二月初一至初三日照例演戏三天，初三日夜把灯在全村绕三天，而后将生孩子之家，就迎到家中奉祀”，说明有奉祀陈夫人之处，均有虎马将军陪祀左右，以保产护产，后来发展为一方保障。

厦地村三夫人宫

厦地村三夫人宫奉祀陈、林、李三夫人与虎马将军，宫中有一副楹联云：“三后在天，群生资不已；二军并将，专阃寄于斯。”是生动的说明。

行业神

行业神信仰由来已久，且十分庞杂。自宋代就出现了许多行业神。各行各业将本行业的祖师，奉为行业之神，一个行业只有形成一定规模后，才会出现祖师崇拜，而不是在行业出现之前。行业规模越大，祖师崇拜也越规范。如木匠祖师鲁班、戏班祖师田元帅，猎神为车山公派下三十六营众神，医界奉扁鹊为医神，酒业则尊杜康为祖师等等。县内行业神崇拜主要以田元帅、车山派、鲁班仙师为多。

一、戏神田元帅：作为戏神的田元帅，几乎所有的戏班都有奉祀。据说田元帅就是唐代乐师雷海青，以琵琶击安禄山，遇害而死，后来将雷字隐去雨头，以田字出现，后世奉为戏神。又传说："帅兄弟三人，孟田苟留，仲田洪义，季田智彪，乃太平国人氏。唐玄宗善音律，开元时帅承诏乐师，典音律，善于歌舞……帝母感恙，瞑目间则

车山神

帅三人翩然起舞，已而神爽形怡，汗焉而醒，其疴起矣……”（明《三教源流搜神大全》）田元帅既是戏神，又逐渐发展成为地方保护神，为民驱邪纳福保平安。县内各村在田元帅身边又加上窦、郭元帅，且共处一庙。

农历六月二十四日、八月二十三日为元帅生日，戏班于此日必焚香设供，备各色祭品，在班主或师傅带领下，众角色依次上香拜祭。而供奉田、窦、郭元帅的乡村，在诞辰日则举办隆重的祭祀活动。如古厦村田、窦、郭元帅殿，每年六月二十四日与八月二十三日，均有庆赞元帅诞辰的祭祀活动。数日前贴出通知，是日半夜，董首数人就宰全猪、办祭品，待天亮时，信众来领福分，晚上大多放映电影，连续几天，也有演戏几场以酬神。

二、猎神车山派：车山神是神祇中最为复杂的一种，因猎神众多，县内古代地方人士归神为猎神的，初步统计有十余位，如屏城里汾溪的林四、

猎神郑二师傅

路下门里的陈胜、代溪谢厝的谢赞英、长桥村的柳进山、屏城南湾的吴连山、代溪忠洋的韦成山等，均是本地猎户，后来得道成为猎神，但三十六营统归陈六管辖，以他为尊。陈六在此中称为车山法主，为闾山教之一山。

车山派猎神除护佑狩猎外，渐渐发展为地方保护神，具有驱邪除妖、招祥致福的能力。

屏南县内车山神殿宇众多，供奉陈六、陈七、陈八、林四等师公，所供的殿宇有文身殿、武身殿、合营殿之别，以北村“禹山境”陈六公殿、里汾溪林四师傅殿、白凌陈六公殿为著。

北村陈六公殿：始建于清嘉庆十五年（1810）庚午三月，建筑面积145平方米，上下二厅，上厅中祀陈六、陈七、陈八三师公，左祀齐天大圣，右祀林、李二夫人。

里汾溪林四师傅殿：始建于清光绪年间，建筑面积128平方米，祀陈六、陈七、陈八、林四诸神。

长坋车山殿：始建于1999年，建筑面积160平方米，祀陈六、陈七、陈八、林四公诸神。

车山诸神为狩猎之神，猎人打猎应举行立坛、出猎、归猎、作出（庆功）诸仪式。屏南习俗，获得猎物是见者有份，即虽不是猎人，凡路人见到，均需分一小份给他，以示车山神的公平与大度。

由于车山神逐渐由狩猎的行业神演变为地方保护神，因此，各村车山殿的功能就以地方土主神代替了行业神，成为驱邪纳福之神了。

三、木匠神鲁班：鲁班仙师是木、泥、石、瓦匠供奉的行业神。有人认为鲁班就是周代鲁国的公输班，生于周敬王十三年（前507），卒于周贞定王二十五年（前444）。他一生正处鲁定公、哀公、悼公时期，也就是春秋末、战国初期。此时鲁国生产力较为发达，文化则居于各国之先，生产力的发展带动了手工业能工巧匠的出现，如鲁班这样的手工艺名匠。他能制造各种机械、工具，比如，创造了木工曲尺，就是后世木工所用的鲁班尺。他精通木工、泥水、石工、砖瓦工，后世这几种行业都奉祀鲁班为祖师神，每逢鲁班诞辰之日，均举行祭祀活动。明代还封鲁班为“辅国大师”，祭典为大祭。

鲁班神庙，目前县内还未发现，木泥瓦石行业都有设香位供奉，瓦工在装窑、烧窑时均有备香火祭品供奉，祈求鲁班仙师保佑砖瓦烧好烧透。木工在盖房上梁时，摆上鲁班香位，备供品醉梁，唱上梁诗：“此木原来在山场，鲁班寻来作栋梁。梁头荫出千孙子，梁尾注出万钱粮。梁中荫水金玉宝，两头荫出状元郎。如今镇在擎天柱，富贵荣华永绵长。”建桥时也同样请鲁班仙师降临，使上梁顺利，合境平安吉利。

儒释道三教

“儒门释户道相通，三教从来一祖风。红莲白藕青荷叶，三教原来是一家。”这是全真道人王重阳的诗。莲花红、藕根白、荷叶青，三者形虽异而实际是一个生命共同体。儒释道三家就像红莲、白藕、青荷一样，同为一家的血脉。三教主要是指儒、释、道的理论学说体系，名为教，实为家。

三教合一，始于魏晋南北朝，兴于隋唐两宋，盛于明清时期。三教合一的思想，起于唐代，而将三教并论，虽肇始于北周武帝时，但直至唐代始以三教名流论难为风尚，并渐由论难而趋于融汇调和。北宋时，周敦颐辈援佛入儒，融合二家，形成理学。至明代，三教合一的思想更成思潮而成为风气。原来明初时，朱元璋自制《僧

《林子三教正宗统论》书影

岭下三教堂

律》二十六条，颁于皇觉寺，内一条云：“凡有明经儒士，及云水高僧，及能文道士，若欲留院，听从其便，诸僧得以询问道理，晓解文辞。”就是鼓励僧流参习儒、道二家法度，所透露的基本信息就是三教合一。皇帝在上倡之，臣下则极力鼓吹，宋濂及后代的王阳明、罗汝芳、李贽、公安三袁等均以通儒而明释老之学。袁中道尝云：“道不通于三教，非道也。”

三教并祀于一堂，元代已有其例，到明代，则儒释道同处一庙已蔚然成风。著名的如苏州广陵王祠，祀吴越中军节度使钱元及其子钱文举，即设于城内三茅观。明代大朝会，百官习仪在庆寿寺、灵济宫、朝天宫等寺观进行，而不在国子监与孔庙，均说明儒释道三家相亲相融。明代文人瞿汝稷说：“近时之士大夫，皆诵法孔子者也。所望创僧庐、市僧田，以招致拨草瞻风，诸龙象者。”晚明士人则“无不礼《楞严》，诵《法华》，皈依净土”。而僧人通文辞、精诗翰，与士大夫交往密切。张履祥说：“近世士大夫多师事沙门，江南为甚。至帅其妻子妇女以称弟子于和尚之门。”

真正以“三教”之名著于世的是明代莆田人林兆恩创立的“三一教”。

岭下三教堂全景

林兆恩（1517—1598），字懋勋，号龙江，又号子谷子。以科举不第而创“三教”，提倡在家修行，不提倡出家。“三一教”又名“三教”，盛行于明末清初。至今仍在福建、台湾各省和东南亚一些国家流行。目前莆田有“三一教”教堂1300多座，海内外信众30万人。

1989年，全国首届林兆恩学术研讨会在莆田召开，国内外专家100多人参会。1992年，福建师大教授林国平专著《林兆恩与三一教》出版。1995年，莆田举办林龙江民俗文化学术研讨会，200多位专家学者参会。

2000年6月，唐大潮教授《明清之际道教“三教合一”思想论》出版。2016年2月，宗教文化出版社出版林兆恩的《林子三教正宗统论》。

三教古建筑，著名的有以下几处：

贵州镇远城东的青龙洞古建筑群，建于明中叶，几度兴废，集儒释道于一身，由30多座单体建筑组成，气势宏伟，造型独特，巧夺天工，1988年列为国家级重点文物保护单位。

宁夏中卫城北的中卫高庙，始建于明永乐年间，屡次重建。建筑面积

2510平方米。清代称“玉皇阁”，民国增建后，称“高庙”，乃三教合祀之庙。

山西浑源悬空寺，始建于永明九年（491），是国内现存极为精致的儒、佛、道三教合一的寺庙。

屏南岭下三教堂，亦称龙泉寺，内祀儒、释、道三教，是屏南县唯一的三教寺观。该堂始建于元元贞元年（1295），初祀魏、虞二仙，名仙堂。明代正德年间重修，增祀五谷帝仙。清乾隆初年，委托景福寺主持大隆和尚代管改为龙泉寺，所住者多僧人。至清嘉庆年间，村民为子孙读书，乃将寺庙扩建，并延聘名儒讲学，称龙泉书院。由于名师荟萃，书院声名远播，周边数县如建瓯、周宁、政和的学子多来就学。光绪十年（1884），山长陈振雯于书院门前砌泮池两个，建门亭一座，撰联于门。民国间毁坏，1987年，经曹洞宗五十四代俗家弟子韦忠敢主持重建，建筑面积达1700多平方米，内祀孔子、关帝与释道诸神祇。每逢三家神祇诞辰之日，堂内均举行祭祀，香客如云，盛况甲于四方。

武圣关帝

武圣关帝是历史上功名显赫且仁、义、忠、勇具备，在社会享有崇高威望的神祇，曾被誉为“象征着中华的道义和秩序的至高无上神”。民间对关帝的崇拜是中国民间信仰中最典型的神人崇拜，关帝是官祀、民祀集于一体的影响深远的神灵。

关帝（160—219）名羽，字长生，后改云长，三国蜀汉大将。河东解县下冯村（今山西运城常平乡常平村）人。青年时因伸张正义，杀死本乡恶霸而逃亡涿郡，与刘备、张飞结义，陈寿《三国志·关张马黄赵传》：“寝则同床，恩若兄弟，而稠人广坐，侍立经日，随先主周旋，不避艰险。”建安五年（200），曹操东征，刘备投奔袁绍，关羽为保刘备妻小，被曹操俘获，封为“偏将军，礼之甚厚”。后袁绍困曹操于白马，关羽斩袁绍大将颜良，解白马之围，羽乃“尽封其所赐，拜书告辞，而奔先主于袁军”，这就是

武圣关帝

小说《三国演义》中著名的“关云长封金挂印，千里走单骑，过五关斩六将”的故事，读这一段，使人感心动耳，回肠荡气，拍案称快！赤壁战后，刘备收江南诸郡，以关羽为襄阳太守。刘备称汉中王后，以关羽为前将军。此后攻伐曹仁，水淹七军、擒于禁、斩庞德，“威震华夏”。建安二十四年（219），关羽被孙权遣将杀于临沮，终年60岁。

关羽自登神坛之后，历宋、元、明、清，千余年来，历代皇帝给他的加封越来越显赫，宋徽宗崇宁元年（1102）封“忠惠公”，大观二年（1108）封晋“武安王”，高宗建炎二年（1128）加封“壮缪义勇武安王”，至明代万历十年（1582）晋为“协天大帝”。万历十八年（1590）加封“协天护国忠义帝”。清代，自顺治至光绪240年间累封至“仁勇威显护国保民精诚绥靖翊赞宣德忠义神武关圣大帝”，封爵达24字。

孔子为文圣，关羽为武圣，但关羽却随着历史的迁延，官府与民间的共同崇拜，逐步超凡入圣，由人而神，成为在中国大众文化中影响力甚至超过了“大成至圣先师文宣王”“万世师表”的孔子。明代文学家徐渭对此曾有感叹，表现在他的《蜀汉关侯祠记》，他说：“祠孔子者止郡县而已，而侯则居九州之广，上自都城，下至墟落，虽烟火数家，亦靡不醵金构祠，肖像以临，虽妇女儿童，犹欢忻踊跃，惟恐或后，以此于事孔子者，殆若过之。噫！亦盛矣。”

正是由于历代帝王对关羽的尊崇，民间山村僻壤也建起关庙，焚香祭祀，热闹非常。屏南自清雍正十二年（1734）设县，于县城建文、武庙，文庙祀孔子，武庙祀关羽，乾隆《屏南县志·坛庙》：“关帝庙，在东门内大街。知县沈钟详请增建，后殿尚未定义。”关庙建于乾隆二年（1737），初期只建前殿，祀关帝，因关帝祖上三代无殿祭享，沈钟乃于三年（1738）三月上文福州府知府，请求拨款增建后殿。五十一年（1786），知县袁珧以“既久不修，风雨交蚀”，乃倡捐重修，并立碑志事。道光八年（1828），知县梅鼎臣率绅士续修，并题楹联：“立懦廉顽，圣人师百世下；配义兴道，浩气塞两大间。”训导陈之驹题联：“富贵不能淫，威武不能屈；地维赖以主，天柱赖以尊。”乾隆四年（1739），知县姚循义于北门天后宫左侧新建武庙，东门的关庙于同治十二年（1873）改为考棚。1919 年增祀岳飞于关庙，匾曰“关岳庙”。

关羽为五月十三日诞辰，是日，官民同祀，《屏南县志·祀典》有载地方官祭祀关帝及关帝曾祖、祖父、父亲三代的祭祀仪注、祭品、祝文，其规格是其他神祇无法比拟的。《祝文》云：“维帝浩气凌霄，丹心贯日。扶正统而彰信义，威震九州；完大节以笃忠贞，名高三国。神明如在，遍祠宇于寰区；灵应丕昭，荐馨香于历代。屡征异迹，显佑群生；恭值嘉辰，遵行祀典。筵陈笾豆，几奠牲醪。”

明清二代，都钦颁有祝文，《屏南县志》所载的祝文，乃乾隆皇帝御撰，为后世所沿用。

潦下村峙国亭

由于关羽“威震华夏”，浩气凌霄，所以官方将他奉为武帝，立武庙以祀，成为各地驻军的保护神。驻地武职官员多修建武庙，如清乾隆三十七年（1772），甘国宝任福建陆路提督时，倡修泉州府武庙，同时考虑到武庙以后香火费与修缮费用，与各营将士协商，凡今后有武官晋升，按职捐款，公备印簿，轮流管理，使武庙经费“得以源源相继，以垂不朽”，并亲撰碑文，立碑记事。该碑现存泉州南建博物馆。

潦下村峙国亭，始建于明代中后期，内祀关羽及关平、周仓。清康熙四十四年（1705）重修。亭为单檐歇山顶，面阔、进深均三间。亭内外上下各处梁枋间，保留大量《三国演义》《水浒传》《封神演义》及各类传奇故事、人物传说的绘画，栩栩如生，线条流畅，色彩鲜明，是一处极为宝贵的清代前期绘画题材库。

东岳大帝

东岳即泰山，位列五岳之尊，是中国历史上第一山。《诗经·鲁颂》用“泰山岩岩，鲁邦所詹”来形容它。春秋战国时期，齐鲁二国是文化的中心，泰山位于这两国之间。由于山东半岛地势平坦，加以当时诸侯分国，人们游历不广，见识不多，对平地兀立的这一高山看成天下第一高山。博学如孔士，尚说：“登泰山而小天下！”于是古代帝王就去天下第一高山祭天，以求上天保佑。《尚书》记载舜帝东巡狩，至于岱宗，而封禅。岱宗就是泰山；封是在泰山顶上筑土坛祭天，报天之功；禅是在泰山下小山，除地以祭，报地之功。之后，禹遵之，商、周各帝效之。到齐桓公称霸，会诸侯于葵丘，也想登泰山封禅，被管仲所阻。至秦始皇并天下，东巡而登泰山，立石颂德。

东岳庙奉祀的东岳大帝，屏南民间多称泰山公，传说泰山神乃天帝之孙，“领神五千九百人，主治死生，百鬼

忠洋东岳殿

之主帅也，血祀庙食所宗者也”。主掌人间生老病死、祸福寿夭等一切事务。“唐乃各立庙于五岳之麓，东岳庙之遍于天下，则肇于宋之中叶。”宋真宗时封泰山神为“东岳天齐大生仁圣帝”，俗称东岳大帝。由于东岳帝有惩恶扬善之功能，且掌人间福、禄、寿、考，故为民间所敬畏。北京东岳庙有联云：“阳世奸雄，违天害理皆由己；阴司报应，古往今来放过谁。”体现了泰山神信仰善恶报应的精髓，深深根植于中国民众的传统理念中。屏南县内东岳神信仰有忠洋、熙岭、下山口、塘后等村。

忠洋东岳殿位于代溪镇忠洋村水尾，建于元天顺元年（1328），建筑面积 120 平方米，清乾隆三十六年（1771）重修，此后，历经兴废。现存大殿为 2012 年重建，殿门上悬“东岳殿”楷书巨匾；正厅联云“文过难逃神鉴；平心即长善根”，为清光绪辛丑岁（1901）贡生韦少波所书；大门里有“保合太和”匾，系民国屏南教育家陆吉庵所书。殿左为临水夫人宫，祀临水夫人陈靖姑。每年九月九日重阳节，村民及周边信众，清早已备祭品往殿祭祀。上午，董首组织村民自殿中请出香火，安放轿上，在戏班乐队相伴下，游遍全村，然后抬到剧场，安上香火，由道士行安座科仪，献全猪、祭品，祭毕，演戏庆赞多日，是忠洋村最大的民俗文化节。

熙岭泰山殿位于熙岭乡熙岭村东，始建于明中期。历经多次重建、重修，建筑面积 200 平方米，2015 年 9 月重修，内祀东岳大帝与龙王。殿内原有许多联匾，毁于“文革”。村民在每年六月初一日、六月十五日、九月九日，均有在庙内举办祭祀活动。平日该殿香火颇旺，县内外信众来进香、祭拜、问卦、抽签诗等较多，是熙岭周边著名的庙宇。

此外，下山口泰山殿建于清代，建筑面积达 100 平方米，是周边各村信仰的主神之一。塘后泰山殿，建于 1997 年前，神诞之日，村民均有祭祀庆赞。下山口泰山殿则有演戏酬神，达三至五日。

灶神

祭灶就是祭祀灶神，是一种源远流长的旧俗，也是一种影响深远的民间信仰。

屏南民众多在腊月二十四日祭灶，少数人是在二十三日祭灶。县民称祭灶为“小年”，这一夜，家家户户备办各种水果、灶糖、茶、酒祭祀，以送灶神上天，请灶神帮助在玉皇大帝面前说好话，使全家平安吉利。道光《屏南县志·节序》载：“腊月二十四，祀灶，宰牲祀神、祭祖先。”

灶神，又称灶君、灶公、灶王、灶前公婆等。远在周代的《礼记·月令》就有：“孟夏之月，其祀灶。”先秦时期，祭灶列为官方“五祀”之一，所谓五祀，定制于商代，分别为春季祀户，夏季祀灶，夏秋之交祀中霤，秋祀门，冬祀行。五祀既隆重且复杂，说明当时对祭灶的重视。

灶神是谁呢？历来传说不一，《淮南子》说：“黄帝作灶，死为灶神。”又说：“炎帝于火，死而为灶。”《五

祭灶联

古代灶神图

经异议》则认为："火正祝融为灶神。"古人认黄帝、炎帝、祝融为灶神，可见其地位之尊崇。但到唐代以后，学者们又将灶神改名为张单。段成式《酉阳杂俎》说灶神名张单，字子郭。灶神的作用是什么呢？晋代葛洪在《抱朴子·内篇》说："晦之夜，灶神亦上天白人罪状。大者夺纪。纪者，三百日也。小者夺算。算者，三日也。"可见灶神是主司家事，并且有向天帝禀报的权责。自古以来，人们为让灶神上天"好事多说，不好不说或少说"，于是就有祭祀灶神的习俗。

灶神成为各家各户的"司命神"，从每月上天奏事一次，改为每年上天一次。灶神有感于人们的极力奉承，热情祭祀，他每年上天奏事也就多说好话了。宋代范成大《祭灶词》言："古传腊月二四三，灶君朝天欲言事。云车风马小留连，家中杯盘丰典祀。猪头烂熟双鱼鲜，豆沙甘松粉饵团。男儿酌献女儿避，酹酒烧钱灶君喜。……送君醉饱登天门，杓长杓短勿复云，乞取利市归来分。"

摩尼光佛

摩尼教，作为一个宗教，今已不复存在，但在古代，它却是一个世界性的大宗教。摩尼教是公元3世纪中叶波斯人摩尼创立的宗教，以琐罗亚斯德教二元论为基础，吸收基督教、佛教等宗教成分而形成自己的信仰。它认为宇宙由明、暗二宗构成，天地间存在着光明王国与黑暗王国。

摩尼教约在唐代之前已在中国民间流传，至唐武则天时期，颇得优容。但到唐开元二十年（732），便遭禁止。安史之乱后，在中国又一度风光了几十年。直到唐武宗会昌二年（842），灭佛禁令一起，摩尼教大受影响，在中原无法生存，部分教徒南下，“藏头掩尾，借用其他宗教信仰的躯壳，将摩尼教的部分内容塞入，继续传播其宗教”。

福建的摩尼教是在唐会昌二年（842）汰僧后由呼禄法师自北方传入，呼禄法师从福州经福清而至泉州传播摩尼教。之后，他的徒弟又将摩尼教传至闽东屏南、霞浦等地。

摩尼光佛

降龙村奉祀的摩尼光佛像

宋明以后，摩尼教以其崇尚光明的教义，平民百姓多称为明教，而少用其创立者摩尼的名字命名，林悟殊先生认为："唐代以后的明教是华化了的摩尼教，是在中国扎根日深的摩尼教。"陆游《老学庵笔记》卷十："闽中有习左道者，谓之明教，亦有明教经……至有士人宗子辈，众中自言：'今日赴明教斋。’又或指名族士大夫家曰：‘此亦明教也。’”可见宋代明教较为兴盛。明朝，大肆消灭明教，禁止明教流行。残存的明教教徒东逃西躲，至清代中后期，这个世界性的宗教，已不复存在。

摩尼教早已消失，现在仅福建晋江草庵留下一座世界唯一的摩尼教建筑及吐鲁番摩尼像壁画、霞浦县民间一些摩尼教遗物。令人惊奇的是，在屏南降龙村却发现了世界唯一以活性形式存在的摩尼教文化遗存。

2015 年，屏南社科联主席张峥嵘到寿山降龙考察木偶戏时，意外发现摩尼教文化活性遗存，他大喜过望，即通过有关媒体，将此发现传出。2016 年 3 月 19 日，中国社会科学院、中国非物质文化遗产保护协会、新疆维吾尔自治区文史研究馆等有关部门的专家 40 多人在屏南降龙村考察并召开研讨会。

降龙韩姓于明代天顺二年（1458）自前墘村析迁于此，现村中祠堂内供有三尊佛雕像，还有摩尼教教义、明代“贞明坛科仪”文本、印章、祭祀奏章等。“贞明坛科仪”文本记载“太上本坛教主摩尼光佛、无上明尊”，抄录时间为“崇祯四年辛未岁十二月吉日，侍教生黄明宇拙笔抄写夤朝，文乙完付与流传后学韩孙田永远时习，万无一失也”。降龙村民称三尊摩尼佛像为“闽清佛”。据《降龙韩氏家谱》记载与村民相传，“闽清佛”为清乾隆年间自闽清带入。可能明清时期明教受官方压制而有所隐讳，现在村民家中神榜都有“摩尼光佛灵相尊公”的神位，排列在左边第三位。

降龙村民每年正月初五日都在祠堂内举办隆重的祭祀摩尼佛活动，办祭器，游神，请道士设祭坛，演戏酬神。晚上，儿童在祠堂内铺上稻草或草垫，进行摔跤比赛，以驱邪纳福。近年来，以燃放鞭炮为多。2017 年，村民将其发展成大型文化节。

九子菩萨

九子菩萨是屏南县较有影响的地方神，在古峰镇与屏城乡为甚。九子菩萨有柳九子菩萨与王九子菩萨之分，据古峰镇长圿村 95 岁的陆泽霖先生介绍，柳九子菩萨又称柳公菩萨或九子菩萨，柳公俗家原籍古田县临水村，父早亡，母子相依为命。家境贫困，因母病，12 岁的柳公上山采药救母，不幸在危岩上跌落致死。古田县城隍感其孝心救母，致坠岩身亡，乃将其灵魂安置于临水宝殿。后来长圿村五显灵官菩萨出巡临水，与临水陈夫人协商，将柳公带回长圿村，封为阳当口守备。在清代，由村民为其建庙祭祀，以保佑四境安宁。

1996 年城改时，将柳公殿迁到芝山寺岗顶，2015 年建设西环路时，又将殿宇迁到现芝山寺边。柳公殿占地面积约 2000 平方米，现有主殿、凉亭、停车场、厨房、花圃等建筑。

长坋柳公殿

凉亭为六角单层翘角，造型古朴，联云：

柳拂云霞延新月；
亭存浩气促春风。

沿阶花木听丝竹；
近水亭台入画图。

窗前绿满余芳草；
殿外春深锁碧桃。

王九子菩萨殿位于长坋村石拱桥边。始建于民国时期，1996 年重建。据陆泽霖先生介绍，九子菩萨名王寿山，号永年，湖南醴陵人。当年王九

长坋柳公殿亭子

长坋王九子菩萨

子菩萨降乩云：“予湖南醴陵人，王姓，字寿山，号永年。曾入泮宫，屡遭不第，家贫靠舌耕度日，上有老母，下有妻儿。于清初，吴三桂引满清入关，东南半壁成灰。予在途中，身遭不幸，染病而故。灵魂不愿，乃往泰山殿，向东岳帝诉冤，帝认予孝心重大，收掌文书，予书札秀丽，文辞通顺，为帝所嘉许。时长坋五显大帝至泰山，商于东岳帝，将予带回，封为长坋溪南守备。后为五显大帝鉴印官。”村民感王九子菩萨孝心，立庙以祀，并祀于花亭五显灵官大帝庙。

屏南县内九子菩萨殿如古厦社区、城关洋中、双溪前洋、屏城南峭、屏城凤溪上元村等，或建于明代，或建于清代。

凤溪上元村九子菩萨殿，位于上元旧村村尾，始建于明代中期。2014年，村民因旧殿路途遥远，乃搬迁建于今址，建筑面积72平方米，香火旺盛。

前洋九子菩萨庙，始建于清代，占地面积30平方米，建筑面积25平方米，建筑古朴，近年亦经重修。

每年农历三月初八日为柳公诞辰，周边村民多往庆赞，以祈求合村平安，社会和谐。

杨相尊公

杨相尊公，原名杨易，字明善，浙江山阴人氏，南宋时官兵部侍郎，因反对权相韩侂胄专擅朝政，被贬为杉洋巡检。古时杉洋为军事重要关隘，扼数邑咽喉。杨易与舍人盘缧笳在杉洋守关，兼管地方事务，清廉敬业，爱民如子，深受百姓爱戴，后殁于槐树旁衙所，舍人盘缧笳自刎殉主，主仆二人深得百姓崇拜。杉洋百姓就在其办公的巡检署建庙祀主仆二人，尊杨易为杨公。后来，当地百姓又在杨易守卫过的杉洋东山岭头关隘口建东山庙，奉杨易为三十六都蓝田界内都城隍，尊为杨相尊公，是杉洋及附近地区最重要的保护神之一，现屏南县甘棠乡的浙洋村、南山村、路下乡的凤林村皆主祀杨相尊公，盘缧笳陪祀。每年的杨易诞辰（农历三月三十日），祀杨公的各村都有盛大的游神和数天的杨公戏。

清末杉洋书法家李方莲为杨公东山祖庙题写了一副对

浙洋杨相尊公殿塑像

杨相尊公殿壁画

联，表达了老百姓对杨易清廉为官，爱护百姓的崇数敬之情。对联如下：

掌九邑咽喉，想当年为国为民，铁印树勋崇北阙；

竖千秋保障，喜此日寿身寿世，金罍酌酒庆南山。

（本篇图文为李家矾提供）

第三章　其他信俗

签诗

签诗是寺庙宫观的一个重要文化内容。近年多数书写于木板上；民国以前多刻于木板上，或行书或楷书，刻工精细。许多宫庙还另外打印成小诗签，每签一首诗，挂于宫壁上，称为“××××灵签”。签诗多为24签、30签、36签、50签、60签、100签等等；但也有少量为17签的，如长桥镇新桥村连公签诗；也有32签的，如长桥镇官洋村江夫人宫的签诗。大多视宫庙规模大小，或抄写者水平而定。签诗包含着我国传统文化丰富的内容，反映百姓的喜怒哀乐和社会历史变迁。签诗每句字数以五言为多，也有七言的，个别也有四言的。福州、闽南等地还有药签，分内、外、妇、儿、五官等科，为免群众误服引起反应，药性多平和，以补益健脾胃为主，且药量极轻。屏南各宫庙尚未发现有药签，但有通过降乩或到神庙求草药以除病的。

屏南县内各宫庙签诗多为转辗相抄，自创者极少，许

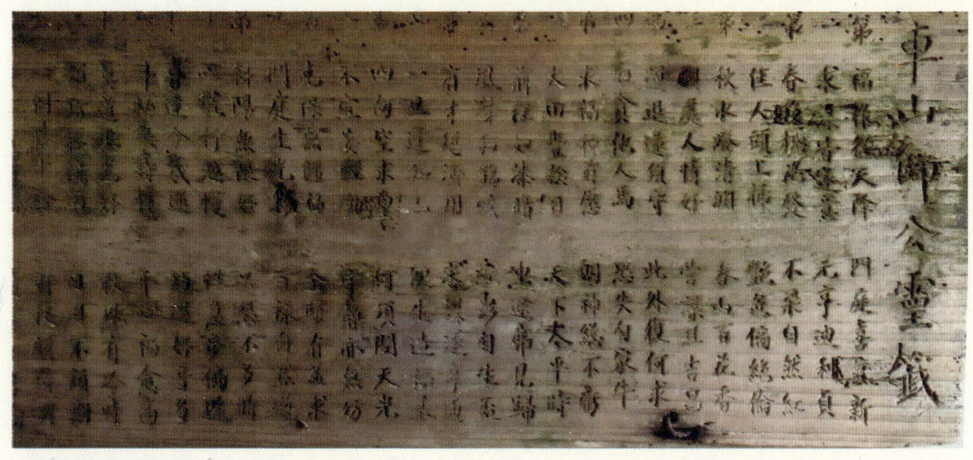

签诗

签诗筒、圣杯

多签诗缺少格律诗韵味。但签诗均有一个特点：上签或上上签占三分之二，一小部分为中平签，小部分为下签，说明神灵对人们祈求的支持与庇护。

现存各宫庙签诗多为20世纪70年代后抄写，清代前期的极少，中期的有乾隆五十四年（1789）刻板，签板保存完好，是县内现存最早的签诗板之一。此外，清代后期签诗板尚存三五块。

清代留存的签诗，大多有较严格的形式排偶与声调和谐法则，符合格律诗的基本要求，每首签诗就是一首声调抑扬和谐、形式齐整的五、七言诗绝句。现举例如下：

职掌方隅重，威权镇玉洋；

圣明崇尚德，阴骘保年长。

玉兔东升白，云横渐渐遮；
东南未得利，西北道犹赊。

利见大人日，前程许远期；
一朝云际会，衣锦正当时。

这几首是玉洋阿公庙的签诗，寓意深远，且格律严谨，平仄分明、韵辙清晰，读来朗朗上口。

日出便见浮云散，光明清净照世间；
一向前途通大道，万事清吉保平安。

云开日出自分明，不须进退问前程；
婚姻皆由天注定，和合清吉万事成。

风恬浪静可行船，恰是中秋月一轮；
凡事不须多忧虑，福禄自有庆家门。

这三首是小梨洋观音殿签诗，该殿签诗30签，内容与各地临水夫人宫签诗完全相同。古田临水夫人宫签诗100签，县内各临水夫人殿签诗多照录，观音殿签诗也是转录自古田临水宫。在抄录过程中，签诗有个别字句不同。该签诗平淡恬和，符合临水夫人保产护幼与观音菩萨大慈大悲济世精神。

檐雀报佳音，君家积德深；
榜中题姓字，丹桂宴琼林。

掬水月在手，弄花香满衣；
算来无实际，丢去更便宜。

签诗榜

大衍数五十，其用四十九；

一数还天地，逢卦万事有。

上三首是棠口三圣夫人宫签诗，该宫签诗49签，《周易·系辞传》："大衍之数五十，其用四十有九"，意为"大道五十，天衍四十九，大道缺一，留一线生机"，就是指凡事留有余地，留一线生机，便是得了大道。三圣夫人宫签诗用典很多，如第二首的"掬水月在手，弄花香满衣"，录自唐代诗人于良史的《春山夜月》诗："春山多胜事，赏玩夜忘归。掬水月在手，弄花香满衣。兴来无远近，欲去借芳菲。南望鸣钟处，楼台深翠微。"掬水诗豁达平和，清新超逸，物我交融，正是陈、林、李三夫人爱人爱世、关心世人心态的写照。

求签方式以求签者双手捧签筒摇晃，待掉落第一根，用圣杯卜得二圣一阳，然后以号对签诗，若摇到凶签，还可再摇再抽。也有的信众随手在签诗筒中抽出一条，而后对签。求得上签者，喜笑颜开，待心想事成，有

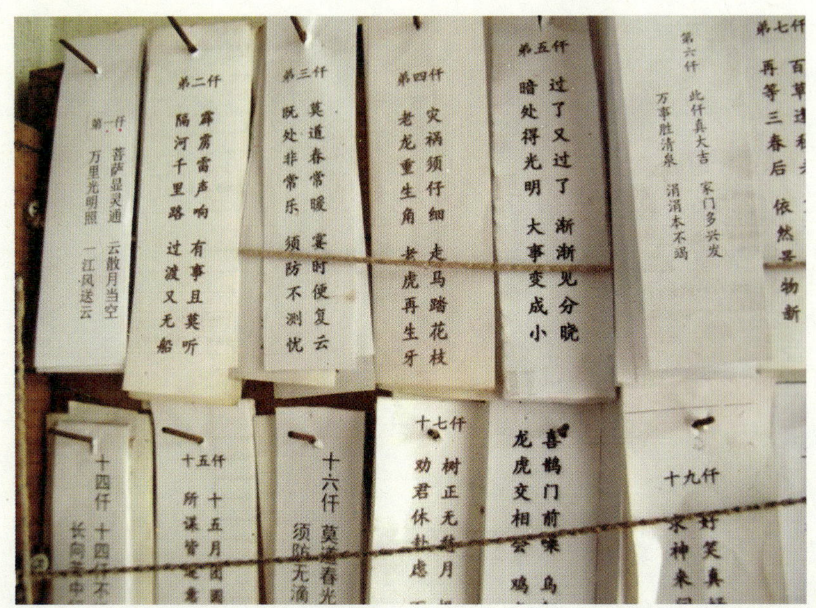

签诗

求必应后，到神庙送匾额、锦旗来酬谢的。

长坋圣王楼签诗分功名、行人、移居、交易、失物、婚姻、风水、求财、本身、疾病、家宅、寿元、六畜、六甲、官讼等15类，每类50签，计750签，均七言四句。另有总签36签，每签为五言四句，总计786签。灵签数量之多，冠于国内各神庙，如“功名”第一签云：

冲宵志气满心胸，君子何为久困穷。

此际风云庆会合，万人头上逞英雄。

语气雄豪，声韵铿锵，求功名的人如果抽到此签，必定笑逐颜开，胸怀壮志，奋战于文场。

“交易”第一签云：

卦占交易大吉昌，贵人相助有商量。

所谋买卖皆和合，十分称意足风光。

如此吉签，自然是商海遨游者的所求。

附：花亭五显灵官帝灵签36条（内容与长坋圣王楼、慈溪叶公殿等宫庙签相同）

第一签

菩萨显灵通，云散月当空。

万里光明照，一江风送云。

第二签

霹雳雷声响，有事且莫听。

隔河千里路，过渡又无船。

第三签

莫道天常暖，霎时便复云。

既处非常乐，须防不测忧。

第四签

灾祸须仔细，走马踏花枝。

老龙重生角，老虎再生牙。

第五签

过了又过了，渐渐见分晓。

暗处得光明，大事变成小。

第六签

此签真大吉，家门多兴发。

万事胜清泉，涓涓本不竭。

第七签

百老逢秋老，万事未归根。

再等三春后，依然景物新。

第八签

卞和三进玉，杨震四知金。

路遥知马力，事久见人心。

第九签

踏梯来望月，平步上青天。

若有贵人助，诸事得安然。

第十签

此签大吉祥，鱼藏养内伤。

暗中宜进步，电照过前川。

第十一签

玩月旭东升，虔祷百事成。

平途堪走马，笙歌乐太平。

第十二签

月向花间白，花从月下生。

浮云来蔽日，又喜好风吹。

第十三签

正人行正道，莫听小人言。

未晚先投宿，时衰鬼弄人。

第十四签

十四签不说，马行千里雪。

长向苦中行，何日生欢悦。

第十五签

十五月团圆，当空照覆盆。

所谋皆遂意，诸事得周全。

第十六签

莫道春光好，秋风有冷时。

须防无滴漏，日月不逾期。

第十七签

树正无愁月，根深不怕风。

劝君休挂虑，万事且亨通。

第十八签

喜鹊门前噪，乌鸦背后啼。

龙虎交相会，鸡狗报君知。

第十九签

好笑真好笑，做事又颠倒。

求神来问卦，常常湏问我。

第二十签

杏花能结籽，天边月又辉。

求神祈佛助，可免祸相随。

第廿一签

远观人独立，近看眼双飞。

此卦阴阳助，还应梦中思。

第廿二签

此签真有灵，万事都从心。

在家多吉庆，登途遇贵人。

第廿三签

灵卦大吉昌，不须忧虑长。

求财多得利，兴旺转家乡。

第廿四签

苏秦运不通，秦邦一场空。

有朝时运至，魏国拜三公。

第廿五签

双手要拿月，天高人不长。

龙蛇迎圣旨，牛马会猪羊。

第廿六签

本是清寒客，难为富贵身。

劝君依本份，由命不由人。

第廿七签

此签多吉庆，禄马贵人临。

雷腾无滴雨，花谢不闻声。

第廿八签

喜欢且喜欢，何须惹祸端。

五行又不顺，空用计千般。

第廿九签

此签有缠绵，宽心莫费钱。

神佛须共助，凡事得安然。

第卅十签

凶星今退位，目下喜临门。

枯木逢春发，月缺再团圆。

第卅一签

凡夫来问吾，辨吉又辨凶。

但能依本份，解祸便为祥。

第卅二签

眼看目前事，休同世外途。

欲求身富贵，莫惜苦功夫。

第卅三签

劝君须仔细，闲戏不成功。

海阔鱼出没，风急火朦胧。

第卅四签

不寒也不暖，半雨又半晴。

岂知人深浅，不输也不赢。

第卅五签

此卦不为奇，时判与君知。

面前都讲好，背后鬼来迷。

第卅六签

且喜尾灵签，诸事得安然。

此卦阴骘助，植福广无边。

扶乩

扶乩，屏南俗称降乩、降箕，又称扶鸾、降坛、扶箕，是民间信仰的一种求神方式，宋、明以后也作为文人间唱和歌咏的游戏。

乩，本作卟，《说文解字》："卟，卜以问疑也，从口卜。"《尚书》有"卟疑"的记载，现在通作乩。

降乩时，由两个人扶乩，乩架用桃木所做，据说屏南县内乩人所用乩木是从偏远的听不到鸡声的山野中砍来桃树枝，这种桃树更有灵性。乩架制成丁字形，下面放个竹、木盘，内盛沙，但屏南乩人多用粗米糠，因沙质太重，书写不易。当求乩人因家中琐事如婚姻、生意、疾病、升学、功名等人事祸福而有所求，乩人（或巫师）先画符，写上某位神名后焚烧，待神灵降临后，乩人根据所写的文字念出，记录人记录成文。

降乩是屏南县的口语，扶鸾是传说扶乩时，神仙降临

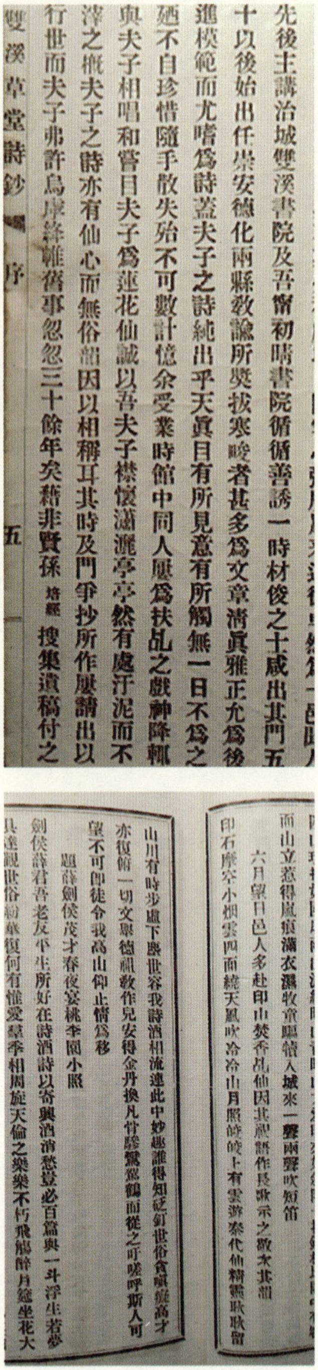
先後主講冶城雙溪書院及吾嚮初晴書院循循善誘一時材俊之士咸出其門五
十以後始出任崇安德化兩縣教諭所獎拔寒畯者甚多爲文章清眞雅正允爲後
進模範而尤嗜爲詩蓋夫子之詩純出乎天眞目有所見意有所觸無一日不爲之
廼不自珍惜隨手散失殆不可數計憶余受業時館中同人屢爲扶乩之戲神降輒
與夫子相唱和嘗目夫子爲蓮花仙誠以吾夫子襟懷瀟灑亭亭然有處汙泥而不
滓之概夫子之詩亦有仙心而無俗韻因以相稱耳其時及門爭抄所作屢請出以
行世而夫子弗許烏虖絳帷舊事忽忽三十餘年矣耤非賢孫 培經 搜集遺稿付之
雙溪草堂詩鈔 序 五

而山立惹得嵐痕滿衣濕牧童驅犢入城來一聲兩聲吹短笛
六月望日邑人多赴印山焚香乩仙因其祀詩作長歌示之徽文其詔
印石摩空小烟雲四面繞天風吹冷冷山月照皎皎上有雲游秦代仙精靈耿耿留
山川有時步盧下與世容我詩酒相流連此中妙趣誰得知詫訝世俗貪嗔癡高才
亦復俯一切文學德福數作兒安得金丹換凡骨駿驚鸞鶴而從之可嗟呼斯人可
望不可即徒令我爲山仰止情爲移
題薛劍俠茂才春夜宴桃李園小照
劍俠薛君吾老友平生所好在詩酒詩以寄興酒消愁豈必百篇與一斗浮生若夢
具達觀世俗紛華復何有惟愛羣季相周旋天倫之樂樂不朽飛觴醉月經坐花大

《双溪草堂诗抄》书影

时多乘鸾驾凤，故有扶鸾之称。降乩起源于东晋，当时有道士许谧在京都建邺（今南京）设立乩坛，许谧任坛主，乩手为杨羲，记录也由杨羲。之后杨羲等人据此记录，整理充实为《上清真经》31卷，成为道教上清派的基本教义。扶乩在南朝时逐渐成熟，唐代时由于政治的多变而时盛时衰。两宋时期，扶乩不但在民间盛行，而且在文人中作为唱和歌咏的游戏，沈括在《梦溪笔谈》中说：“近岁迎紫姑神者极多。”陆游写有《箕卜》一诗：

孟春百草灵，古俗迎紫姑。
厨中取竹箕，冒以妇裙襦。
竖子夹相持，插笔祝其书。
俄若有物凭，答对不须臾。
岂必考中否，一笑聊相娱。
诗章亦间作，酒食随所须。
纷纷竟何益，人鬼均一愚。

沈括与陆游所谓的“紫姑神”，最早见于南朝刘宋时刘敬叔所撰《异苑》，云：“世有紫姑神，古来相传，云是人家妾，为大妇妒，每次秽事相次役，故世人以其日作其形，夜于厕间或猪栏边迎之。祝曰：‘子胥不在，曹姑亦归，小姑可出戏。’抓者觉重，便是神来。奠设酒果，亦觉貌辉辉有色，即跳躞不住。能占众事，卜未来蚕桑。”原来紫姑是一户人家的小妾，受虐待，后来成神。初起主要是占农事及各种琐事，宋代以后，士子多用占卜功名，占卜试题，吟咏唱和及医治疾病，范围已经扩大了。

明清以后，尤其清代，扶乩又呈鼎盛现象，许多大文人如纪晓岚、袁枚的著述中记载了许多扶乩之事，而清代屏南籍诗人黄正绅就是个乩迷。

黄正绅，字黻臣，原籍岭下葛畲，后迁居双溪，同治元年(1862)副举人。曾在屏南、宁德、政和各书院掌教，晚年主崇安、德化县学。黄氏生平好酒擅诗，且爱扶乩游仙，他的《双溪草堂诗抄》书中就有许多涉及扶乩的内容。比如，腊月中旬，予撤馆将归，适洞宫魏真君降鸾，作诗三首次韵和之：

福地宏开小洞天，群真聚会万山巅。
飘然鸾驭下空际，知是螂嬛第一仙。

一谪人间六十年，无缘得附玉堂仙。
羡君控鹤游三岛，世界茫茫俯大千。

不信前身我亦仙，仙凡回首判人天。
蓬莱缥缈知何处，一曲瑯璈锡福先。

同治十一年（1872），知县杨宝吾大集县城绅士扶乩，以诗唱和，黄正绅适主讲双溪书院，他本好此事，且为坛主，于是官绅相与，他曾录有乩仙诗多卷，有乩仙诗云："回头八百闭仙关，到处红尘托足间。怪底此中无俗气，莲花仙子未归山。"因知县首倡，一时屏南扶乩之风大盛，城乡均有乩坛。杨宝吾，湖南靖州人，拔贡出身，同治九年（1870）十月任屏南知县，十三年（1874）九月离位。在任期中"性耽风雅，政简刑清"。当时双溪书院上面有三台阁，风光优美，登阁四眺，满城风光尽收眼底，向为文士游览唱咏之地。上有所好，下必甚焉，自杨宝吾大兴游仙扶乩后，乩风蔓延，至民国时尚盛，城乡各村多有乩坛，有的乡村达三至五坛之多，遗风所及，至今许多宫庙神诞仍有扶乩之举。

泰山石敢当

2006年6月，国务院公布首批国家级非物质文化遗产名录，“泰山石敢当”习俗榜上有名。

石敢当习俗文化是屏南民间信仰的一个重要组成部分，凡处于路口、巷弄边的人家，多在墙边、门口立上“泰山石敢当”石碑，以禳解避邪，禁压不祥。关于石敢当的文字记载，最早见于西汉史游的《急就章》：“师猛虎，石敢当，所不侵，龙未央。”唐代颜师古注：“卫有石蜡、石买、石恶，郑有石制，皆为石氏……，敢当，所向无敌也。”颜师古认为石是姓，敢当乃所向无敌之意，此论不为后世所认可。

宋王象之《舆地纪胜·论碑纪目》载：宋仁宗庆历四年（1044），福建莆田县令张纬维修县衙时出土一通唐代大历五年（770）“石敢当”石碑，上刻“石敢当，镇百鬼，厌灾殃；官吏福，百姓康；风教盛，礼乐张”。这是现存

泰山石敢当

最早的“石敢当”实物。说明石敢当是作为镇压百鬼妖魔，厌胜灾祸，使官吏纳福，百姓安康，风气淳良，教育兴盛，礼乐张扬。到明代以后，随着泰山信仰文化的发展，人们在“石敢当”前面加上“泰山”二字，顾名思义，泰山石是取自泰山山脉周边山谷溪流的灵石，而灵石崇拜与祭天、祭地、祭山川星辰以及祭祀所有神祇都有一定的渊源关系，目的是避邪除殃，纳福致祥。

屏南县内的石敢当，数量很多，不下数千通，大多为 20—30 厘米宽，40—60 厘米高。民国以前的石料较厚，近年雕刻的多为电脑所刻，且是石板材料子，薄薄的一块，上部还加刻八卦。现存泰山石敢当碑中，双溪村和漈头村各有几通清代雕刻的，高约 1 米，宽 40 厘米，漈头村一通在碑额上刻貔貅头像。

石敢当文化内涵是“保平安、驱妖邪”，是“稳如泰山”“安如泰山”的象征，是和平安宁的祈盼，是富足繁荣的体现，是广大民众渴求平安吉祥的美好愿景。

附录

各村社伙庙会与戏曲演出一览表

村名	设伙庙会日	演出日期	天数、本头	戏资（元）
际下村	正月初三日	初一至初四	4天7本戏	4200
福善村	正月初三日	初一至初四	4天7本戏	4550
后院村	正月初三日	初一至初四	4天7本戏	2800
新桥村	正月初六日	初五至初七	3天5本戏	3000
西村	正月初六日	初二至初四	3天5本戏	3000
官洋村	正月初六日	初四至初七	4天7本戏	4200
后墘村	正月初六日	初五至初七	3天5本戏	2250
浙洋村	正月初六日	初六至初八	3天5本戏	2500
天徒村	正月初六日	初五至初七	3天5本戏	2000
山墩村	正月初六日	初五至初七	3天5本戏	3000
周厝村	正月初六日	初五至初七	3天5本戏	3000
大碑村	正月初九日	初七至初九	3天5本戏	3000
长桥村	正月初九日	初六至初十	5天9本戏	4500
墘源村	正月初九日	初七至初九	3天5本戏	2500
往里村	正月初九日	初七至初九	3天5本戏	3000
坑头村	正月初九日	初七至初九	3天5本戏	2000
高溪村	正月初九日	初八至初十	3天5本戏	3000
恩洋村	正月初九日	初九至十一	3天5本戏	2500
长宦村	正月初九日	初八至初十	3天5本戏	2500
南山村	正月初九日	初八至初十	3天5本戏	2500
官岭村	正月初九日	初八至初十	3天5本戏	2000
新乡村	正月十一日	初十至十二	3天5本戏	3000
棠口村	正月十一日	初十至十二	3天5本戏	3000
里汾溪村	正月十三日	十二至十四	3天5本戏	2500

村名	设伙庙会日	演出日期	天数、本头	戏资（元）
白玉村	正月十三日	十二至十四	4天7本戏	3500
长玢村	正月十五日	十四至十六	3天5本戏	3000
长桥村	正月十五日	十四至十七	4天7本戏	4200
巴地村	正月十五日	十四至十六	3天5本戏	2750
康里村	正月十五日	十三至十六	4天7本戏	4200
谢厝村	正月十五日	十四至十六	3天5本戏	3000
忠洋村	正月十五日	十四至十六	3天5本戏	3500
洋尾村	正月十五日	十四至十六	3天5本戏	2500
泮地村	正月十五日	十四至十六	3天5本戏	2000
后章村	正月十五日	十四至十六	3天5本戏	3000
周厝村	正月十五日	十四至十六	3天5本戏	3000
棠口村	正月十五日	十四至十六	3天5本戏	2500
龙源村	正月十五日	十四至十六	3天5本戏	2000
宜洋村	正月十五日	十四至十六	3天5本戏	1800
墘源村	正月十五日	十四至十六	3天5本戏	1400
寿山村	正月十五日	十四至十六	3天5本戏	3000
垣坑村	正月十五日	十七至十九	3天5本戏	4500
玉洋村	正月十八日	十七至二十	4天7本戏	5600
淦山村	正月十八日	十七至十九	3天5本戏	2500
后章村	正月十八日	十七至十九	3天5本戏	3500
泮地村	正月十八日	十七至十九	3天5本戏	3000
北乾村	正月十八日	十七至二十	4天7本戏	4900
代溪村	正月十八日	十七至二十	4天7本戏	4200
贵溪村	正月十八日	十七至十九	3天5本戏	2000
郑家山村	正月十八日	十七至十九	3天5本戏	2000
村头村	正月十八日	十七至二十	4天7本戏	3500
新田村	正月十八日	十七至十九	3天5本戏	2500
前塘村	正月十九日	十七至二十	3天5本戏	2000
后章村	正月廿三日	廿一至廿四	4天7本戏	3500
玉斌村	正月廿三日	廿一至廿四	4天7本戏	2800
梅溪村	正月廿三日	廿一至廿四	4天7本戏	3500
下山口村	正月廿三日	廿二至廿四	3天5本戏	2000

村名	设伙庙会日	演出日期	天数、本头	戏资（元）
下七房村	正月廿七日	廿五至廿八	4天7本戏	3500
周地村	正月廿七日	廿六至廿八	3天5本戏	2000
洋头村	正月廿三日	廿二至廿四	3天5本戏	2500
陆地村	二月初二日	初一至初四	4天7本戏	4500
后龙村	二月初二日	初一至初三	3天5本戏	3000
王林村	二月初二日	初一至初三	3天5本戏	3000
忠洋村	二月初二日	初一至初三	3天5本戏	3400
康里村	二月初二日	初一至初三	3天5本戏	3000
洋头村	二月初二日	初一至初三	3天5本戏	2500
北墘村	二月初二日	初一至初四	4天7本戏	4200
玉洋村	二月初二日	初一至初五	5天9本戏	5400
白凌村	二月初二日	初一至初四	4天7本戏	3500
罗沙洋村	二月初八日	初六至初八	3天5本戏	2000
上山登村	二月初八日	初七至初九	3天5本戏	3500
岭里村	二月初八日	初七至初九	3天5本戏	2000
龙潭村	二月初八日	初七至初九	3天5本戏	2500
达善溪村	二月初八日	初七至初九	3天5本戏	2000
上培村	二月初八日	初七至初九	3天5本戏	2000
古厦村	二月初九日	初八至初十	3天5本戏	2500
后井村	二月初九日	初九至十一	3天5本戏	2000
村头村	二月初九日	初八至初十	3天5本戏	2500
前唐村	二月十九日	十七至二十	4天7本戏	2800
福善村	三月十六日	十四至十八	5天9本戏	4500
垣坑村	三月十六日	十四至十八	5天9本戏	3600
前梨洋村	三月十六日	十四至十八	4天7本戏	2800
漈下村	六月初三日	初一至初五	5天9本戏	3600
洋头寨村	六月初三日	初一至初五	5天9本戏	3500
宜洋村	六月初六日	初五至初七	3天5本戏	2000
柏源村	七月十三日	十二至十五	4天7本戏	3500
后峭村	八月初三日	初五至初八	4天7本戏	2800

村名	设伙庙会日	演出日期	天数、本头	戏资（元）
忠洋村	九月初九日	初八至初十	3 天 5 本戏	3500
长坋村	九月廿九日	廿六至三十	5 天 9 本戏	4500
岭里村	九月廿九日	廿八至三十	3 天 5 本戏	2500
上七房村	九月廿九日	廿七至三十	4 天 7 本戏	3500
墘源村	九月廿九日	廿八至三十	3 天 5 本戏	2500
陆地村	十月廿七日	廿六至三十	5 天 9 本戏	4500
后井村	十月廿七日	廿五至廿八	4 天 7 本戏	3500
旺坑村	十月廿七日	廿六至廿八	3 天 5 本戏	3000
梅花地村	十月廿七日	廿六至三十	5 天 9 本戏	4500
管洋村	十月廿七日	廿六至廿八	3 天 5 本戏	3000
北墘村	十月廿七日	廿六至三十	5 天 9 本戏	4500
垣坑村	十月廿七日	廿六至廿九	4 天 7 本戏	3500
康里村	十月廿七日	廿六至廿九	4 天 7 本戏	4200
长桥村	十月廿七日	廿六至三十	5 天 9 本戏	4500
上牛山村	十月廿七日	廿六至廿八	3 天 5 本戏	2500
新田村	十月廿七日	廿六至廿九	4 天 7 本戏	3500
南山村	十月廿七日	廿六至廿八	3 天 5 本戏	2500
漈头村	十月廿七日	廿六至三十	5 天 9 本戏	4500
瑞云村	十月廿七日	廿六至廿八	3 天 5 本戏	2500

屏南民间信仰场所情况表

场所名称	详细地址	供奉主神	供奉陪神	始建年代	终建年代	占地面积（平方米）	主殿建筑面积（平方米）
观音庙	代溪镇代溪村	观音		清代	1980	160 ㎡	160 ㎡
程元帅殿	代溪镇代溪村	程元帅		清代	1980	350 ㎡	166 ㎡
杨公殿	代溪镇代溪村	杨公		明代		130 ㎡	60 ㎡
葫芦山宝殿	代溪镇代溪村	罗王		明代		380 ㎡	320 ㎡
陈靖姑殿	代溪镇代溪村	陈靖姑		清代	1970	340 ㎡	200 ㎡
水尾庙	代溪镇恩洋村	土主		清代		160 ㎡	160 ㎡
土主庙	代溪镇善溪村	土主		明代		70 ㎡	70 ㎡
水尾庙	代溪镇后章村	土主		明代		200 ㎡	200 ㎡
土主庙	代溪镇后章村	土主		清代		150 ㎡	150 ㎡
龙王殿	代溪镇后章村	龙王		清代		100 ㎡	100 ㎡
齐天大圣殿	代溪镇泮地村	齐天大圣		2009		80 ㎡	70 ㎡
土主宫	代溪镇玉洋村	阿公明王		明代		660 ㎡	200 ㎡
林公殿	代溪镇福善村	林公		清代		120 ㎡	120 ㎡
水尾泰山殿	代溪镇忠洋村	泰山公		明代		200 ㎡	180 ㎡
土地公庙	代溪镇樟源村	土地公		清代	2005	20 ㎡	20 ㎡
陈公庙	代溪镇樟源村	陈六陈七 陈八	虎将军 马将军	清代	1960	100 ㎡	100 ㎡
土地庙	代溪镇四坪店	苏公大王	虎将军 马将军	清朝 同治		35 ㎡	30 ㎡

场所名称	详细地址	供奉主神	供奉陪神	始建年代	终建年代	占地面积（平方米）	主殿建筑面积（平方米）
林公殿	代溪镇长宦村	林公	齐天大圣	清代	1980	35 ㎡	30 ㎡
齐天大圣庙	代溪镇北墘村	齐天大圣		1950		40 ㎡	40 ㎡
观音菩萨庙	代溪镇北墘村	观音菩萨		1950		40 ㎡	40 ㎡
土地庙	代溪镇北墘村	林公	齐天大圣	2006		30 ㎡	30 ㎡
往里土地宫	代溪镇往里村	土地公	判官护法	清朝乾隆		450 ㎡	100 ㎡
齐天大圣庙	代溪镇淦山村	齐天大圣		清代		20 ㎡	20 ㎡
观音庙	代溪镇淦山村	观音		清代		20 ㎡	20 ㎡
林公殿	代溪镇淦山村	林公		清代		30 ㎡	30 ㎡
真武帝殿	代溪镇康里村	真武帝	柳树将军等	南宋初期		900 ㎡	230 ㎡
郑公祠	代溪镇康里村	郑公	陈夫人	明朝天顺		350 ㎡	200 ㎡
拓主殿	代溪镇康里村	土主		宋		106 ㎡	30 ㎡
洋中圣王殿	代溪镇康里村	齐天大圣		清代		333 ㎡	138 ㎡
姚三奶宫	代溪镇康里村	姚三奶		元朝至正		800 ㎡	200 ㎡
水尾宫	代溪镇天峰村	姚氏奶奶		明代		110 ㎡	100 ㎡
村尾土主殿	代溪镇南山村	土主、林公		清代		120 ㎡	120 ㎡
村圣王殿	代溪镇南山村	圣王		清代		60 ㎡	60 ㎡
林公殿	代溪镇垣坑村	林公	左右将军	清代		20 ㎡	20 ㎡
五兄庙	代溪镇垣坑村	五兄		2007		30 ㎡	30 ㎡
郑公庙	代溪镇垣坑村	郑公		清代		80 ㎡	80 ㎡
大圣庙	代溪镇谢厝村	齐天大圣	猪悟能沙悟净	明代		92 ㎡	70 ㎡

场所名称	详细地址	供奉主神	供奉陪神	始建年代	终建年代	占地面积（平方米）	主殿建筑面积（平方米）
土地庙	代溪镇谢厝村	当境明王	判官	明代		108 m²	80 m²
林公庙	代溪镇周厝村	林公		清代		90 m²	90 m²
圣母庙	代溪镇周厝村	圣母		清代		80 m²	80 m²
土主殿	代溪镇官岭村	颜公夫人	判官护法	明代		230 m²	230 m²
林公殿	甘棠乡新田村	林公	黎公	清朝	清朝	50 m²	40 m²
齐天大圣殿	新田村莲地村	齐天大圣	陈夫人	1929	1929	50 m²	40 m²
齐天大圣殿	甘棠乡新田村	齐天大圣		2008	2008	80 m²	80 m²
齐天大圣殿	甘棠乡新田村庄田洋	齐天大圣		1980	1980	70 m²	60 m²
佛殿	甘棠乡新田村	林公	陈林李夫人、虎马将军	民国初年	民国初年	70 m²	60 m²
菩萨殿	甘棠乡新田村	五显灵官大帝		清乾隆初	清乾隆初	80 m²	70 m²
林公殿	甘棠乡新田村	林公	陈林李夫人、虎马将军	清朝初年	清朝初年	50 m²	40 m²
拓主公殿	甘棠乡王林村	圣王	土主公、虎马将军	清朝嘉庆	清朝嘉庆	40 m²	40 m²
仙奶殿	甘棠乡王林村	马仙姑	杜仙姑	清朝嘉庆	清朝嘉庆	60-70 m²	60-70 m²
村水尾佛殿	甘棠乡梅花地	林公、罗公、马氏真仙	林夫人、罗夫人、金童玉女	天启二年	天启二年	430 m²	300 m²
南山杨公殿	甘棠乡南山村	杨公	文班、武烈	同治二年	同治二年	300 m²	100 m²
林公庙	甘棠乡下上口村	林公		2010	2010	300 m²	200 m²
林公殿	甘棠乡前院村	林公		清朝	清朝	220 m²	220 m²
上佛殿	甘棠前院村	陈靖姑		清朝	清朝	200 m²	200 m²
蓝公府	甘棠乡巴地村	蓝公		清朝	清朝	70 m²	60 m²
土地公殿	甘棠乡巴地村	土主明王	周刘二将	清朝	清朝	300 m²	130 m²

场所名称	详细地址	供奉主神	供奉陪神	始建年代	终建年代	占地面积（平方米）	主殿建筑面积（平方米）
观音庙	甘棠巴地村	观音		清朝	清朝	150 m²	60 m²
文昌阁	甘棠乡巴地村	文昌帝君		清朝	2016	150 m²	60 m²
连公殿	甘棠乡彩虹村	大明王、玄天大帝、顺天圣母	文班、武烈、玄擅、虎马将军	康熙年间	康熙年间	230 m²	166.6 m²
观音堂	甘棠乡小梨洋村	观音	金童玉女	乾隆二年	乾隆二年	600 m²	382.67 m²
包公殿	甘棠乡坂兜村	包公		1957	1958	1300 m²	120 m²
杨公殿	甘棠乡浙洋村	杨相尊公、圣母陈夫人、王公	虎马将公、薛仁公、林公师公	光绪年间	光绪年间	300 m²	200 m²
佛殿	甘棠乡洋头寨村	马氏姑	叶大元帅、郑元帅	清末	清末	200 m²	60 m²
泰公殿	甘棠乡上登村	泰山公	虎马将军、陈氏夫人	清朝	清朝	666 m²	90 m²
佛堂	甘棠乡甘棠村	本境土主、护国夫人、本县城隍	显应灵佑侯王等	乾隆元年	乾隆元年	500 m²	300 m²
飞来庙	甘棠乡漈下村	飞来公、飞来		咸丰十一年	咸丰十一年	155.89 m²	155.89 m²
龙漈仙宫	甘棠乡漈下村	马氏天仙、叶大元帅		隆庆三年	隆庆三年	300 m²	150 m²
齐天大圣殿	甘棠乡下山登村	齐天大圣	胡公	1912	1912	50 m²	40 m²
毛公殿	甘棠乡下山登村	毛公	林李夫人	1912	1912	80 m²	40 m²
大王殿	甘棠乡下山登村	通天大王	雷公	清朝后期	清朝后期	100 m²	80 m²
马氏真仙	甘棠乡下山登村	马氏真仙	陈靖姑	2000	2001	40 m²	30 m²
齐天大圣殿	甘棠乡瑞云村	齐天大圣		1913	1913	100 m²	100 m²
土主殿	甘棠乡瑞云村	土主公	陈夫人、江夫人	1996	1996	200 m²	100 m²
柳公殿	古峰镇长坋村	柳九子菩萨		2006	2006	2000 m²	200 m²
天君殿	古峰镇长坋村	南天照天君		1986	1987	350 m²	200 m²
齐天大圣楼	古峰镇长坋村	齐天大圣	郑二师公、孔夫子	乾隆二十六年	乾隆二十六年	800 m²	800 m²

场所名称	详细地址	供奉主神	供奉陪神	始建年代	终建年代	占地面积（平方米）	主殿建筑面积（平方米）
九仙楼	古峰镇长坋村	九仙		1992	1992	2400 ㎡	1000 ㎡
仙奶殿	气象台后面	郑马徐仙奶	仙奶姐妹	1976	1976	370 ㎡	370 ㎡
陆氏如水宫	古峰镇河滨路	陈、李、林夫人	虎马将军	清末	清末	200 ㎡	60 ㎡
叶氏如水宫	新建路上游	陈、李、林夫人	虎马将军	清末	清末	230 ㎡	200 ㎡
华阳境	古峰镇花亭街	五显大帝	文官	洪武元年	洪武元年	2345 ㎡	2345 ㎡
中山境圣王殿	古峰镇树兜村	齐天大圣	陈靖姑叶公	宋朝光宗	宋朝光宗	1200 ㎡	600 ㎡
车山宝殿	洋中山头岗	车山公	陈七、陈八、林氏、郑学山师傅	1996	1996	270 ㎡	45 ㎡
吴四师公殿	上洋头村	吴四师公	圣王	民国时期	民国时期	260 ㎡	40 ㎡
游公庙	继关路河边	游公	胡公	清朝康熙	1998	260 ㎡	150 ㎡
林公殿	长兴巷 8 弄	林公	大奶娘	1985	1999	200 ㎡	90 ㎡
古山境	古峰镇古厦村	叶公尊王	雷公	明朝洪武	2002	300 ㎡	100 ㎡
铁板宝殿	古峰镇古厦村	元帅大王	田窦郭三大元帅	1993	1994	150 ㎡	100 ㎡
九仙阁	古峰镇古厦村	九仙	仙公坛	1997	2000	300 ㎡	100 ㎡
珠水境	古峰镇古厦村	叶公大王		民国时期	2001	190 ㎡	130 ㎡
郑二师傅庙	古峰镇慈溪村	郑二师傅	大奶娘	1997	2003	176 ㎡	132 ㎡
大王殿	岭下乡岭下村	土主		清朝雍正		80 ㎡	72 ㎡
大奶殿	岭下乡岭下村	陈夫人	林李夫人	清朝光绪		60 ㎡	60 ㎡
齐天大圣庙	岭下乡岭下村	齐天大圣		清朝雍正	2008	40 ㎡	40 ㎡
三帅庙	开源村	三帅		1993		200 ㎡	200 ㎡
大王殿	横坑村	土主		清朝乾隆		126 ㎡	

场所名称	详细地址	供奉主神	供奉陪神	始建年代	终建年代	占地面积（平方米）	主殿建筑面积（平方米）
大奶殿	横坑村	陈夫人	林李夫人	清朝乾隆		126 ㎡	75 ㎡
大王殿	梅溪村	大王		清朝光绪		60 ㎡	60 ㎡
大奶殿	梅溪村	陈夫人	林李夫人	清朝光绪	2013	220 ㎡	200 ㎡
天王殿	梅溪村	天王		清朝光绪		80 ㎡	50 ㎡
大王殿	罗厝村	白马大王		清朝光绪		180 ㎡	120 ㎡
大奶殿	罗厝村	陈夫人	林李夫人	2001	2010	200 ㎡	120 ㎡
大王殿	梨洋村	太阳大王		清朝乾隆		120 ㎡	80 ㎡
大奶殿	梨洋村	陈夫人	林李夫人	清朝乾隆		150 ㎡	120 ㎡
林公殿	富竹村	林公	齐天大圣	1932	2002	500 ㎡	450 ㎡
大王殿	东峰村	大王		清朝雍正		130 ㎡	80 ㎡
谢公庙	东峰村	谢公		宋朝	2011	150 ㎡	80 ㎡
圣王殿	东峰村	齐天大圣		宋朝	2011	300 ㎡	180 ㎡
大王殿	上楼村	感应大王		民国时期		150 ㎡	120 ㎡
太保公殿	上楼村	太保公		1995	2000	500 ㎡	300 ㎡
观音庙	上楼村	观音		清朝末年		700 ㎡	500 ㎡
仙殿	上楼村	仙公		1996		500 ㎡	200 ㎡
大王殿	上楼村	感应大王		民国时期		800 ㎡	200 ㎡
天王殿	谢坑村	大王		唐朝		360 ㎡	160 ㎡
大奶殿	谢坑村	陈夫人	林李夫人	光绪十六年		140 ㎡	90 ㎡
大奶殿	谢坑村	大奶	林李夫人	雍正八年		98 ㎡	60 ㎡

场所名称	详细地址	供奉主神	供奉陪神	始建年代	终建年代	占地面积（平方米）	主殿建筑面积（平方米）
龙泉殿	谢坑村	天王		清朝雍正		70 ㎡	45 ㎡
矮殿仔	葛畲村	大奶		清朝光绪	1990	80 ㎡	45 ㎡
陈夫人殿	发竹坑村	陈夫人	虎马将军	清朝		80 ㎡	65
菩萨公庙	路下乡富塘村	菩萨	齐天大圣	清朝		1333 ㎡	666 ㎡
菩萨公殿	中秋村	菩萨		清朝		108 ㎡	100 ㎡
伍谷大王庙	中秋村	伍谷大王		清朝	2005	102 ㎡	98 ㎡
三圣公庙	三万里	三圣公		清朝		350 ㎡	60 ㎡
太保殿	门里村	赵楚明王	太保将军陈夫人	清朝晚期		117 ㎡	117 ㎡
三聖公王	门里村	三聖公王	陈氏夫人	清朝晚期		110 ㎡	96 ㎡
游公殿	罗沙洋村	游公尊王		清朝		609 ㎡	468 ㎡
佛殿	芳院村	陈公、黄八使	魏公	2008		533 ㎡	533 ㎡
攀龙殿	路下村	圣母		明朝洪武		370 ㎡	350 ㎡
华光大殿	路下村	华光大帝		公元600		350 ㎡	350 ㎡
三十公殿	路下村	三十公		公元540		300 ㎡	300 ㎡
恩公殿	路下村	恩公		雍正六年		320 ㎡	320 ㎡
杨公殿	凤林村	杨公		清朝		230 ㎡	230 ㎡
拓主庙	五溪村	陈夫人	黄八使、魏公、陆公	清朝初年		80 ㎡	80 ㎡
拓主庙	五溪村	陈夫人	黄伯使、李公	清朝		80 ㎡	80 ㎡
九仙宫	岭头村	九仙	齐天大圣	明朝隆武	2009	200 ㎡	120 ㎡
梓泉侍	岭头村	三保观音	十八罗汉二十四	明朝隆武		500 ㎡	300 ㎡

场所名称	详细地址	供奉主神	供奉陪神	始建年代	终建年代	占地面积（平方米）	主殿建筑面积（平方米）
林四公殿	屏城乡里汾溪村	林四公	陈六公、陈七公、白灵公、徐灵山师傅	明朝	2016	130 ㎡	130 ㎡
土主殿	南峭村	土主	陈夫人、林夫人、虎马将军	明朝	2014	80 ㎡	60 ㎡
林公殿	南峭村	林公大王		明朝	2015	40 ㎡	30 ㎡
土主殿	南峭甲弟村	土主		乾隆四十五年	2012	40 ㎡	30 ㎡
奶娘殿	后龙村	大奶娘	虎马将军	清朝	2015	45 ㎡	45 ㎡
元帅殿	后龙村	元帅	千里眼、顺风耳	2007	2007	110 ㎡	85 ㎡
拓主殿	后龙村	陈、包二位尊公	千里眼、顺风耳	清朝		252 ㎡	252 ㎡
冯公殿	后龙村陈目洋	冯公	千里眼、顺风耳	清朝		180 ㎡	180 ㎡
拓主殿	后龙村岭兜	陈、包二位尊公	千里眼、顺风耳	清朝		160 ㎡	160 ㎡
林公殿	后龙村中村	林公	千里眼、顺风耳	清朝		130 ㎡	130 ㎡
齐天大圣王	后龙村早兴亭	齐天大圣王	千里眼、顺风耳	2007	2007	90 ㎡	90 ㎡
林公宝殿	大碑头自然村	林公大王		乾隆四十五年	2007	90 ㎡	90 ㎡
魏公殿	坑头村	魏公大王		乾隆四十五年		120 ㎡	120 ㎡
卓公堂	坑头村	卓公		乾隆十四年		80 ㎡	60 ㎡
林公殿	坑头村	林公大王	高柳将军	乾隆十四年	2006	230 ㎡	120 ㎡
元帅殿	大碑村	元帅		清朝	2001	50 ㎡	50 ㎡
三圣殿	大碑村	三圣王		清朝	2006	30 ㎡	30 ㎡
大圣殿	大碑村	齐天大圣		清朝	2005	20 ㎡	20 ㎡
夫人宫	大碑村	陈夫人		明朝	2001	100 ㎡	80 ㎡
土主殿	上凤溪	当镜明王	土主女比	雍正十一年	2012	120 ㎡	100 ㎡

场所名称	详细地址	供奉主神	供奉陪神	始建年代	终建年代	占地面积（平方米）	主殿建筑面积（平方米）
包公殿	上凤溪	包七公、包拯公、兰三公	王朝、马汉张龙、赵虎	南宋	2008	200 ㎡	180 ㎡
包氏宗祠（供神）	上凤溪	申包胥	林公、林四公	明朝		500 ㎡	460 ㎡
包公殿	上凤溪	包公、林公	土地公	1998	2003	100 ㎡	70 ㎡
九子菩萨殿	上凤溪上元村	九子菩萨		明朝	2014	72 ㎡	72 ㎡
顺天圣母殿	溪坪村	顺天圣母	虎马将军	明朝	2011	300 ㎡	180 ㎡
叶公大王庙	溪坪村	叶公大王		明朝	2000	300 ㎡	56 ㎡
郑公殿	溪坪村	郑公	顺天圣母、游公	2011	2011	222 ㎡	180 ㎡
南门殿	陆地村	齐天大圣王		1985		300 ㎡	200 ㎡
郑公殿	陆地村	郑公		清朝道光		208 ㎡	180 ㎡
拓主殿、下佛殿	陆地村	黄公杨		道光十年		230 ㎡	200 ㎡
夫人宫	陆地村	陈、林、李夫人		清朝咸丰		200 ㎡	150 ㎡
夫人宫	厦地村	陈夫人		清朝	2012	180 ㎡	120 ㎡
林公殿	厦地村	林公大王		清朝		100 ㎡	70 ㎡
齐天大王殿	厦地村	齐天大圣		清朝		80 ㎡	30 ㎡
九子菩萨殿	厦地村	九子菩萨		清朝	2014	50 ㎡	50 ㎡
虎马殿	村头村	陈、林、李夫人	虎马将军	清朝	1973	45 ㎡	38 ㎡
土主殿	村头村	土主、黄公	魏七公、郑公	清朝		50 ㎡	40 ㎡
宋坪佛堂	南湾村	虎马将军	王母娘娘	清朝		300 ㎡	260 ㎡
齐天大圣殿	南湾村	齐天大圣		清朝		100 ㎡	100 ㎡

场所名称	详细地址	供奉主神	供奉陪神	始建年代	终建年代	占地面积（平方米）	主殿建筑面积（平方米）
西门殿	后井村	齐天大圣王		清朝		470 ㎡	450 ㎡
拓主殿	后井村	拓主公		明朝		320 ㎡	300 ㎡
观音殿	后井村	观世音菩萨		1986		120 ㎡	100 ㎡
报恩寺	前汾溪村	观音		清朝	2005	270 ㎡	180 ㎡
郑公祖殿	前汾溪村	郑三公郑母金童、玉女		清朝	2014	135 ㎡	110 ㎡
崇灵宫	寿山乡白凌村	李、姚、林娘娘	虎马将军	清朝初期	清朝初期	150 ㎡	120 ㎡
齐天大圣殿	降龙村	齐天大圣	侍从	1998	2016	100 ㎡	60 ㎡
观音殿	寿山村	观音娘娘		2002	2003	100 ㎡	100 ㎡
林公殿	寿山村	林公侯王	通天圣母	1980	1980	100 ㎡	100 ㎡
仙娘庙	寿山村	仙娘		1910	1980	40 ㎡	40 ㎡
当境明王	白玉村	当境明王	陈娘娘、陈国舅、陈公、陈	清朝	顺治十七年	150 ㎡	120 ㎡
白马大王庙	白玉村	白马大王		清朝	2006	60 ㎡	40 ㎡
齐天大圣殿	白玉村	齐天大圣		1993	1993	90 ㎡	40 ㎡
齐天大圣殿	白玉园坪	齐天大圣		1939	2013	100 ㎡	40 ㎡
菩萨殿	降龙村	菩萨		光绪二十六年	光绪二十六年	100 ㎡	60 ㎡
祠堂	降龙村	送子娘娘	摩尼光佛	清朝	清朝	300 ㎡	300 ㎡
齐天大圣殿	普岭村	齐天大圣	黑、白将军	1993	2002	50 ㎡	45 ㎡
林公殿	亥由村边	林公侯王	侍从	民国时期	2006	40 ㎡	40 ㎡
五显灵官殿	郑洋村	五显灵官大帝	千里眼、顺风耳	1985	2006	90 ㎡	75 ㎡
齐天大圣殿	东盘村	齐天大圣	刘公	2000	2004	120 ㎡	100 ㎡

场所名称	详细地址	供奉主神	供奉陪神	始建年代	终建年代	占地面积（平方米）	主殿建筑面积（平方米）
黄氏宗祠	东盘村	陈仙姑	虎马将军、林公忠明王	清朝	2008	200 ㎡	150 ㎡
林公殿	太保村	林公忠平候王	太保公	清朝	2014	140 ㎡	100 ㎡
林公殿	上洋村	林公忠平侯王	周、程将军	1972	1983	170 ㎡	140 ㎡
彭氏宗祠	北山村	彭公、彭婆顺天圣母		1978	1980	200 ㎡	160 ㎡
大王殿	棠口镇仕洋村	大王	通天圣母	清朝	清朝	70 ㎡	70 ㎡
林公大王殿	西村坑口溪	林公大王	林少爷、回回将军、答答将	清朝	清朝	1162 ㎡	833 ㎡
圣母法主殿	西村	顺天圣母、九天法王	虎将军、马将军	清朝	清朝	180 ㎡	100 ㎡
伍保大王	西村	伍保大王、大王夫人	左文职、右武士	清朝	2002	120 ㎡	80 ㎡
大奶殿	孔源村	陈大奶、林大奶、李大奶		明朝	2000	100 ㎡	80 ㎡
大王殿	孔源村	南台大王、那公大王		明朝	明朝	2000 ㎡	300 ㎡
齐天大圣楼	漈头村	齐天大圣		清朝	1993	46 ㎡	30 ㎡
拓主殿	漈头村	黄、李、杨三姓拓主	陈夫人	唐朝	2012	300 ㎡	300 ㎡
齐天大圣王庙	旺坑村	观音菩萨、齐天大圣	虎马将军山峰大王	清朝	2005	200 ㎡	400 ㎡
齐天大圣庙	小章村	齐天大圣	林公大王	清朝	清朝	100 ㎡	60 ㎡
林公殿	小章村大章	林公大王		清朝	清朝	80 ㎡	50 ㎡
林公殿	小章村大洋	林公大神		清朝	清朝	70 ㎡	50 ㎡
林公殿	小章村龟谭	林公大神		清朝	清朝	180 ㎡	60 ㎡
圣母娘娘殿	龙源村	圣母娘娘		清朝	清朝	40 ㎡	35 ㎡
通天夫人宫	棠口村黄厝	陈、林、李夫人		宋朝	宋朝	100 ㎡	85 ㎡
顺天圣母殿	棠口村	陈、林、李夫人		宋朝	宋朝	60 ㎡	60 ㎡

场所名称	详细地址	供奉主神	供奉陪神	始建年代	终建年代	占地面积（平方米）	主殿建筑面积（平方米）
三圣夫人殿	棠口村	陈、林、李夫人		宋朝	宋朝	60 ㎡	60 ㎡
林公殿	棠口村	林公		民国时期	民国时期	600 ㎡	500 ㎡
大王殿	贵溪村	大王（当镜明王）		清朝	清朝	600 ㎡	100 ㎡
齐天大圣殿	贵溪村	齐天大圣		清朝	清朝	500 ㎡	50 ㎡
大奶殿	山岭村	大奶		清朝	清朝	80 ㎡	60 ㎡
大王殿	安溪村	大王神	观音、林公大王	清朝	清朝	80 ㎡	80 ㎡
林公殿	安溪村	林公大王	齐天大圣铁板大王	民国时期	民国时期	60 ㎡	60 ㎡
观音阁	安溪村	观音	金童玉女	清朝	清朝	1000 ㎡	150 ㎡
观音佛桥	洋中桥	观音		2012	2012	200 ㎡	100 ㎡
大王庙	洋中村	大王		清朝	明朝	80 ㎡	35 ㎡
林公庙	洋中村里洋中	林公		2005	2005	120 ㎡	60 ㎡
大神庙	西村村	大神		光绪三十一年		60 ㎡	30 ㎡
郑公宝殿	长桥镇上牛山	郑公明王	十二太保、十三太保、顺天圣母、九天法主、郑二师傅、首殿将公、祝福星公、祝寿星公		2003	190 ㎡	70 ㎡
郑公宝殿	长桥镇上牛山	郑公明王	十二太保、十三太保、顺天圣母、九天法主、郑二师傅、首殿将公、祝福星公、祝寿星公	明朝万历		300 ㎡	230 ㎡
圣王殿	长桥镇上牛山	齐天大圣			2003	120 ㎡	60 ㎡
圣王殿	长桥镇上牛山	齐天大圣		明朝万历		150 ㎡	60 ㎡
苏氏宗祠	长桥柏源村	苏公明王		宋朝末年		480 ㎡	380 ㎡
苏公明庙	长桥镇柏源村	苏公明王		明朝		890 ㎡	360 ㎡
土地公庙	长桥镇半圳村	土地公		1960		130 ㎡	50 ㎡
土主殿	长桥镇岑洋村	土主公		唐朝		50 ㎡	40 ㎡

场所名称	详细地址	供奉主神	供奉陪神	始建年代	终建年代	占地面积（平方米）	主殿建筑面积（平方米）
圣王庙	长桥镇岑洋村	圣王公		唐朝		50 ㎡	45 ㎡
出米师公殿	长桥镇岑洋村	出米师公		唐朝		90 ㎡	60 ㎡
佛殿	长桥镇慈云村	九天法王	游公、魏公	明朝		350 ㎡	200 ㎡
笔架山神殿	长桥镇慈云村	九天法王	八仙	明朝		580 ㎡	320 ㎡
新厝洋佛殿	长桥镇高溪村	林峰大王	沙公、陈夫人、白将军、黑将军			260 ㎡	90 ㎡
佛殿	长桥镇高溪村	二十三都都主	陈夫人、九天法王、虎、马将军			270 ㎡	190 ㎡
迦蓝菩萨殿	长桥镇官洋村	迦蓝菩萨、释迦摩尼		清朝		256 ㎡	198 ㎡
江夫人庙	长桥镇官洋村	江夫人	文班童郎武列将军	清朝		420 ㎡	320 ㎡
夫人宫	长桥镇官洋村	陈、林、李夫人	虎马将军	清朝		230 ㎡	150 ㎡
三角亭	长桥镇后垅村	五显大帝		清朝嘉庆		1000 ㎡	200 ㎡
土主庙	长桥镇里高溪村	土主婆、土主宫	左文班、右武列、白马大王、破崖魏公大奶娘、杨八使公	清朝		200 ㎡	180 ㎡
龙须大王殿	长桥镇前里坪村	龙须大王	文班神、武列神	明朝		100 ㎡	80 ㎡
龙兴大王庙	长桥镇前里坪村	龙兴大王	文班神、武列神	明朝		90 ㎡	70 ㎡
土主庙	长桥镇上垅村	土主公	陈夫人			150 ㎡	100 ㎡
白马大王庙	长桥镇上垅水竹洋自然村	白马大王				100 ㎡	70 ㎡
显帝公庙	长桥镇上垅村	显帝公				50 ㎡	40 ㎡
江夫人庙	长桥镇上垅村	江夫人				150 ㎡	100 ㎡
土主殿	长桥镇下牛山村	土主公				360 ㎡	300 ㎡
熊氏祠堂	长桥镇下牛山村	九天法王		清朝		400 ㎡	300 ㎡
新桥村佛堂	长桥镇新桥村	陈夫人	李夫人、林夫人、连公师傅、林公	明朝洪武		230 ㎡	180 ㎡

场所名称	详细地址	供奉主神	供奉陪神	始建年代	终建年代	占地面积（平方米）	主殿建筑面积（平方米）
新桥村虎婆宫	长桥镇新桥村	龙金大王	江夫人、王后娘娘	明朝洪武		400 ㎡	210 ㎡
玄天上帝殿	长桥镇新乡村	玄天上帝			2007	1113 ㎡	223 ㎡
林公宝殿	长桥镇新乡村	林公			2006	165 ㎡	133 ㎡
土主殿	长桥镇远坵村	土主罗公	陈、林、李夫人	清朝		240 ㎡	225 ㎡
元帅殿	长桥镇远坵村	田窦郭元帅	千里眼、顺风耳	1932		124 ㎡	50 ㎡
虎婆宫	长桥镇长桥村	江夫人	文班童郎武列将军			100 ㎡	85 ㎡
迦蓝菩萨庙	长桥镇长桥村	迦蓝菩萨	观音	明朝		65 ㎡	50 ㎡
虎马将军殿	长桥镇长桥村	虎马将军		清朝光绪		55 ㎡	45 ㎡
显灵尊王庙	长桥镇长桥村	显灵尊王		清朝道光		70 ㎡	60 ㎡
夫人庙	长桥镇长新村	江夫人		1920		280 ㎡	160 ㎡
胡万山宝殿	长桥镇长新村	胡万山师傅		1936		70 ㎡	50 ㎡
虎婆宫	长桥镇长新村	江夫人	陈夫人	1980		200 ㎡	100 ㎡
齐天大圣庙	长桥镇长新村	圣王公		宋朝		300 ㎡	240 ㎡
周佳山中间	长桥镇周佳山村	江夫人	魏七尊公龙兴太子	明朝		100 ㎡	68 ㎡
周佳山水尾	长桥镇周佳山村	陈夫人	林李夫人虎马将军	1985		80 ㎡	50 ㎡
溪口宫	双溪溪口	圣母娘娘		民国时期	2000	1700 ㎡	1000 ㎡
城隍庙	双溪村东街	城隍	黑白无常	清朝雍正	1992	1500 ㎡	1200 ㎡
文庙	双溪村村委会旁	孔子等		清朝乾隆		1560 ㎡	1200 ㎡
英节庙	后峭村	张八尊公		南宋	1985	300 ㎡	200 ㎡
大王殿	山头村口	大王		民国时期	2012	40 ㎡	30 ㎡

场所名称	详细地址	供奉主神	供奉陪神	始建年代	终建年代	占地面积（平方米）	主殿建筑面积（平方米）
大王殿	北村深洋村尾	大王	大王婆	清朝		60 ㎡	30 ㎡
齐天大圣殿	北村深洋	齐天大圣		清朝	2013	48 ㎡	30 ㎡
车山公	北村	车山公		民国时期		100 ㎡	60 ㎡
齐天大圣庙	章岭	齐天大圣		清朝		30 ㎡	30 ㎡
大王庙	宜洋村旁	大王		清朝	2012	110 ㎡	50 ㎡
奶娘宫	宜洋村旁	奶娘		清朝	1985	150 ㎡	50 ㎡
五显大帝殿	宜洋村旁	五显帝		1958	1985	110 ㎡	50 ㎡
齐天大圣庙	宜洋村	齐天大圣		2002		55 ㎡	40 ㎡
观音庙	宜阳村	观音		民国时期	2008	130 ㎡	80 ㎡
大王殿	高安村	南海观音		民国时期	1980	52 ㎡	52 ㎡
齐天大圣庙	前洋村	齐天大圣		民国时期	现代	160 ㎡	100 ㎡
九子菩萨庙	前洋村	九子菩萨		清朝		30 ㎡	25 ㎡
齐天大圣庙	下七房吴家山	齐天大圣庙	顺风耳	清朝	2012	25 ㎡	20 ㎡
五显大帝庙	上七房村	五显大帝		清朝		42 ㎡	42 ㎡
奶娘宫	上七房村	奶娘		清朝		22 ㎡	22 ㎡
观音殿	岩后村	观音		1985	2012	60 ㎡	50 ㎡
白马大王	岩后村	白马大王		清朝	2013	20 ㎡	20 ㎡
佛潭后	岩后村	观音	土地公	1982	2000	120 ㎡	100 ㎡
齐天大圣庙	岩后村白岩崖	齐天大圣		清朝	2006	150 ㎡	100 ㎡
林公殿	垅源村	林公		清朝		300 ㎡	300 ㎡

场所名称	详细地址	供奉主神	供奉陪神	始建年代	终建年代	占地面积（平方米）	主殿建筑面积（平方米）
临水宫	墘源村	陈太娘		清末		500 ㎡	500 ㎡
五显大帝殿	墘源村	五显大帝	顺风耳	清朝		600 ㎡	600 ㎡
拓主殿	熙岭乡大堣村	独脚仙师沈九公	虎马二将军	清朝道光		160 ㎡	160 ㎡
圪头村土主殿	墘头村	拓主公		明朝		30 ㎡	25 ㎡
观音殿	墘头村	观音		清朝		160 ㎡	50 ㎡
九公殿	墘头村	谢九公		明朝		60 ㎡	50 ㎡
圣王殿	墘头村	齐天大圣	虎马二将军	明朝		60 ㎡	55 ㎡
齐天大圣殿	管洋村	齐天大圣	陈夫人观音	清末		130 ㎡	70 ㎡
土主宫殿	管洋村	毛公	连公、游公	清末		140 ㎡	80 ㎡
玄帝公殿	管洋村	玄帝公		清末		30 ㎡	30 ㎡
南洋殿	井兜村	黎公	包公郑公陈夫人虎马公	清朝道光		200 ㎡	120 ㎡
菩萨殿	岭里村	二郎神		清末		30 ㎡	30 ㎡
游公殿	岭里村	游公		明朝	2012	80 ㎡	80 ㎡
皇君宝殿	龙潭村	临水夫人	虎马将军	明朝万历	2013	180 ㎡	60 ㎡
溪尾东岳宫	龙潭村溪尾	东岳天齐仁圣大帝	边舍大王	明朝万历	2000	50 ㎡	40 ㎡
林公殿	前梨洋村	林公		1985	2006	30 ㎡	30 ㎡
齐天大圣殿	前梨洋村	齐天大圣		1993		36 ㎡	30 ㎡
林公殿	前塘村	林公	陈夫人	嘉庆十三年		619 ㎡	311 ㎡
齐天大圣庙	三峰村	齐天大圣		清末		42 ㎡	42 ㎡
白马大王殿	山墩村	白马大王	文班武烈	清朝乾隆		123 ㎡	87 ㎡

场所名称	详细地址	供奉主神	供奉陪神	始建年代	终建年代	占地面积（平方米）	主殿建筑面积（平方米）
白马大王殿	山墩村	白马大王	文班武烈	1987		114 ㎡	55 ㎡
齐天大圣庙	四坪村	齐天大圣	文班武烈	1998		122 ㎡	47 ㎡
通天黄公殿	四坪村	通天黄公		明末		20 ㎡	16 ㎡
泰山殿	塘后村	东岳泰山		清末		35 ㎡	35 ㎡
虎马殿	溪里村	虎马二将军		明朝		400 ㎡	300 ㎡
溪前堂	溪里村	如来佛		清朝		1300 ㎡	1200 ㎡
东岳庙	熙岭村	东岳泰山	虎马将军 齐天大圣	元朝		500 ㎡	140 ㎡
拓主殿	熙岭村	拓主公、陈夫人、张公	虎马将军	宋朝		800 ㎡	150 ㎡
店坪亭	秀溪村	玄帝		清末		20 ㎡	20 ㎡
水尾殿	秀溪村	陈靖姑	土主公	清末		40 ㎡	30 ㎡
拓主殿	秀溪村	土主公、陈夫人、虎马公	土主公	清末		100 ㎡	60 ㎡

（本表据屏南民宗局2017年《屏南民间信仰台账》摘录）

参考文献

[宋]梁克家，《三山志》，海风出版社，2000

[明]黄仲昭，《八闽通志》，福建人民出版社，1993

[明]王应山，《闽都记》，海风出版社，2001

[明]刘曰暘，王继祀修，景献力标点，《万历古田县志》，方志出版社，2007

[清]黄正绅，《双溪草堂诗抄》，福州华宝公司，1930

[清]沈钟等修纂，陈俊孙点校，《屏南县志四种》，方志出版社，2014

[清]陈寿祺编撰，《福建通志》，同治十年正谊书院刻印

林国平、彭文宇，《福建民间信仰》，福建人民出版社，1993

徐晓望，《福建民间信仰研究》，福建教育出版社，1993

王尔敏，《明清时代庶民文化生活》，岳麓书社，2002

陶立璠，《民俗学》，学苑出版社，2003

林拓，《福建文化的地域性考察》，上海书店出版社，2004

连心豪，《闽南民间信仰》，福建人民出版社，2008

叶明生、郑安思主编，《古田临水宫志》，香港天马出版有限公司，2010

朱恒夫、黄文虎整理，《江淮神书》，上海古籍出版社，2011

乌丙安，《中国民间信仰》，长春出版社，2014

古厦、谢厝、康里、官洋、长新、长桥、漈头等村家谱

后记

2016年3月，屏南县分管领导与屏南县民宗局根据政协提案，准备编写《屏南民间信仰》一书。因我涉足民间信仰多年，同时在点校《屏南县志四种》时积累有较多资料，于是民宗局陈必炎局长请我承担本书的编撰。殷殷雅意，盛情难却，只能应命。

是年4月，我在县内进行田野调查并搜集有关资料，初步形成本土神祇、各路神祇、其他神祇三个部分。之后列出重点神灵名单，再进行田野调查与史料的考辨。至2017年2月动笔，在7月终于定稿，又经年余时间的修改。但限于个人学识与能力，对部分神灵只能根据民间耆老传闻，择善而从，无法面面俱到。

本书得以出版，在此衷心感谢陈必炎局长的大力支持，提供方便，始终关注。也感谢出版社的编辑，承他们精心审阅，认真检核，匡我所不逮。另对提供部分照片的作者，一并于此致以谢忱。

陈俊孙

2020年4月